D1871722

एवम् इन्द्रजित

[नाटक]

एवम् इन्द्रजित्

बादल सरकार

अनुवाद
प्रतिभा अग्रवाल

राजकमल प्रकाशन

ISBN : 978-81-267-2614-1

मूल्य : ₹395

© प्रतिभा अग्रवाल

पहला संस्करण : 1969
चौथा संस्करण : 2024

प्रकाशक : राजकमल प्रकाशन प्रा.लि.
1-बी, नेताजी सुभाष मार्ग, दरियागंज
नई दिल्ली-110 002
शाखाएँ : अशोक राजपथ, साइंस कॉलेज के सामने, पटना-800 006
पहली मंजिल, दरबारी बिल्डिंग, महात्मा गांधी मार्ग, प्रयागराज-211 001
1, अनमोल सोराबजी संतुक लेन, धोबी तलाव, मरीन लाइंस, मुम्बई-400 002
वेबसाइट : www.rajkamalprakashan.com
ई-मेल : info@rajkamalprakashan.com

मुद्रक : बी.के. ऑफसेट
नवीन शाहदरा,1 दिल्ली-110 032

EVAM INDRAJIT
Play by Badal Sarkar
Translated by Pratibha Agrawal

इस पुस्तक के सर्वाधिकार सुरक्षित हैं। प्रकाशक की लिखित अनुमति के बिना इसके किसी भी अंश को, फोटोकॉपी एवं रिकॉर्डिंग सहित इलेक्ट्रॉनिक अथवा मशीनी, किसी भी माध्यम से, अथवा ज्ञान के संग्रहण एवं पुन:प्रयोग की प्रणाली द्वारा, किसी भी रूप में, पुनरुत्पादित अथवा संचारित-प्रसारित नहीं किया जा सकता।

‘एवम् इन्द्रजित्’ और अनुवादक का वक्तव्य

वर्तमान दशक में भारतवर्ष में लिखे गए नाटकों में ‘एवम् इन्द्रजित्’ (बांग्ला) का विशिष्ट स्थान है। पिछले दिनों मराठी, गुजराती, कन्नड़, हिन्दी, बांग्ला, पंजाबी आदि भाषाओं के नाटकों में परस्पर आदान-प्रदान होता रहा है और इसके परिणामस्वरूप ‘तुगलक’, ‘सुनो जनमेजय’, ‘कस्तूरी मृग’, ‘शान्तता! कोर्ट चालू आहे’ ‘सापउतारा’, ‘कांचनरंग’, ‘रजनीगन्धा’, ‘एवम् इन्द्रजित्’, ‘छलावा’ आदि जैसे अनेक नाटक अपनी भाषा-सीमा का अतिक्रमण करके अखिल भारतीय स्तर पर पहुँच गए हैं। ‘एवम् इन्द्रजित्’ का अनुवाद हिन्दी, गुजराती और कन्नड़ में हो चुका है और अंग्रेजी में होने की बात है। ‘एवम् इन्द्रजित्’ की इस लोकप्रियता का कारण उसके कथ्य एवं शैली दोनों का वैशिष्ट्य है। आज के युवक-और सम्भवत: हर युग के युवक-की महत्त्वाकांक्षा और परवर्ती कुण्ठा एवं निराशा का बड़ा ही यथार्थ चित्रण इस नाटक में किया गया है, किन्तु उससे भी बड़ी बात इस सत्य को स्वीकार करने की है कि मृत्यु का वरण समस्या का समाधान नहीं है। यह जानते हुए भी कि हमारे पास आस्था, विश्वास, प्रेम जैसा कोई भी जीने का सम्बल नहीं है, हमें जीना है; यह ज्ञान होते हुए भी कि यात्रा के पूरी होने पर कोई देवलोक सम्मुख नहीं होगा, हमें चलते चलना है क्योंकि हमारे सामने पथ है। तीर्थ नहीं तीर्थयात्रा ही हमारा इष्ट हो तो भी क्या आपत्ति है? जीवन को हम चाहे रीझकर स्वीकार करें चाहे खीझकर, उसे स्वीकार करना ही होगा। वैसे नाटककार बादल सरकार स्वयं इस नाटक को आशावादी या निराशावादी किसी भी स्वर के साथ समाप्त करने के पक्ष में नहीं हैं। उनका कहना है कि जीवन में न आशा का प्रश्न है और न निराशा का, हमारे सामने जीवन है, हमें जीना है, मानसी की प्रेरणा और इन्द्र का जीवित रहने का स्वीकार ऐसा ही आवेगरहित स्वीकार

है, सारी आशाओं-आकांक्षाओं, विषमताओं-विवशताओं से लड़-जूझकर थके हुए उस व्यक्ति का स्वीकार है जो जीवन का कोई अर्थ नहीं ढूँढ़ पाता है, फिर भी सहज ही मरने का निर्णय भी नहीं कर पाता क्योंकि वह भी उतना ही तथ्यहीन लगता है। लेखक की इस व्याख्या और स्पष्टीकरण से सहमत हुआ जा सकता है, बहुत दूर तक मैं हूँ भी। किन्तु ऐसा लगता है कि नाटक के अन्त को सर्वथा आवेगरहित बनाने की चेष्टा करने के बावजूद, उसमें कहीं हल्का-सा संकेत आशा का आ ही गया है। तीर्थ-पथ पर तीर्थयात्रा करने की आकांक्षा रखनेवाला नाटक का कवि, अवश्य ही अपने तीर्थ-पथ को मंगलमय मानता होगा। तीर्थ तक पहुँच पाने की सम्भावना के प्रति अत्यन्त शंकालु होते हुए भी वह 'मुक्त-हृदय, निर्द्वन्द्व भाव से' उसी पथ पर चलने के अपने प्रारम्भिक निर्णय पर अटल रहना चाहता है।

तीर्थ नहीं है केवल यात्रा
लक्ष्य नहीं है केवल पथ ही
इसी तीर्थ-पथ पर है चलना
इष्ट यही, गन्तव्य यही है।

ये पंक्तियाँ कहीं बहुत दूर ही सही, इतनी दूर जहाँ हम शायद पहुँच ही न सकेंगे, प्रकाश की एक क्षीण रेखा का आभास देती हैं। पथ है इसलिए चलना है, मृत्यु का वरण करने की बात भूलकर जीवन को स्वीकार करना है, इसे बादल सरकार ने बड़े बलपूर्वक इस नाटक में कहा है।

नाटक का कथ्य अत्यन्त यथार्थवादी और सामयिक होते हुए भी उसका शिल्प प्रतीकात्मक है। लेखक ने बड़ी कुशलतापूर्वक यथार्थ और कल्पना का संयोजन किया है। एक ही पात्र द्वारा कई भूमिकाओं का निर्वाह, एक ही अंक में कई दृश्यों की योजना जो बिना किसी मंच-सज्जा या उपकरण के ही प्रस्तुत किए जा सकते हैं, अलक्ष्य पात्रों की उपस्थिति (साक्षात्कार करनेवाले पात्र) आदि नाटक में अन्तर्निहित ऐसी स्थितियाँ हैं जिन्हें यथार्थवादी शैली में कभी प्रस्तुत ही नहीं किया जा सकता। जीवन के दस-पन्द्रह वर्षों के क्रिया-कलाप को इस नाटक में समेटा गया है, एक ही दृश्य में विभिन्न पात्रों को विभिन्न रूपों में भी प्रस्तुत किया गया है। नाटक के ये तथ्य जहाँ निर्देशक, अभिनेता एवं दर्शक की कल्पना को मुक्त विचरण के लिए पर्याप्त क्षेत्र प्रदान करते हैं वहीं ये कहीं सीमा भी बन जाते हैं। इन स्थलों को एक विशेष भाव-

भंगी से प्रस्तुत करने के अतिरिक्त और कोई चारा नहीं रह जाता। यही उसकी शक्ति और यही उसकी सीमा भी है। इसी कारण इस एक दृष्टि से विभिन्न प्रस्तुतियों में कुछ दूर तक एकरूपता आए बिना नहीं रहती।

'एवम् इन्द्रजित्' का अनुवाद एक बड़ा सुखद और साथ ही तृप्तिकारी अनुभव रहा है। आज से प्राय: तीन साल पहले जब इस नाटक को देखा तो बहुत ही अच्छा लगा था और यह इच्छा हुई थी कि इसे हिन्दी में किया जाए, किन्तु बांग्ला रंगमंच पर इसकी सफलता हम लोगों पर भी कुछ ऐसी हावी थी कि साहस नहीं हो पाता था। अत: अनुवाद करने का प्रश्न भी नहीं उठता था। उसके बाद इस नाटक को दो बार और देखा और यह धारणा दृढ़ होती गई कि इसे अवश्य ही प्रस्तुत करना चाहिए। शीघ्र ही न भी प्रस्तुत किया जाए तो कम-से-कम अनुवाद तो कर ही डाला जाए। इस निर्णय ने अनुवाद करने को प्रेरित किया और उसमें हाथ लगाया। काम आगे बढ़ा और पूरे गद्यांश का अनुवाद सहज ही हो गया। किन्तु इसके बाद समस्या आई कविताओं के अनुवाद की। कविताएँ-'एवम् इन्द्रजित्' का अनिवार्य अंग हैं, उन्हें बाद देकर नाटक का अनुवाद करना नाटक के साथ अन्याय करना था और उन कविताओं को हृदयंगम करके उनका सरस और प्रवाहमय अनुवाद करना ताकि कथ्य भी स्पष्ट हो और आवृत्ति करने और सुनने में अभिनेता एवं दर्शक दोनों को आनन्द मिले, चुनौती भरा कार्य था। अपनी प्राध्यापिका मित्र श्रीमती अमिता चक्रवर्ती से कविताओं के मूल भाव पर गहरी चर्चा करने के बाद अनुवाद किया। संशोधन और पुन:संशोधन के बाद ही कविताओं को अन्तिम रूप दिया जा सका। वैसे तो अपना कृतित्व अच्छा लगता ही है, यह हम सबकी सहज स्वाभाविक दुर्बलता है, किन्तु यह कृतित्व मुझे विशेष रूप से अच्छा लगा, इस अतिरिक्त दुर्बलता को स्वीकार करती हूँ। स्वयं बार-बार पढ़ने पर कविताएँ मन को और रमाती हैं, अपने प्रवाह में बहा ले जाती हैं। अवश्य ही इसमें बादल सरकार के कृतित्व का मेरे कृतित्व से अधिक योगदान है, फिर भी थोड़ा अंश तो मेरा है ही।

नाटककार बादल सरकार

उनके नाटक एवम् इन्द्रजित का हिन्दी में अनुवाद और मंचायन

पृष्ठभूमि

बादल सरकार। एक नाम जो पिछले पाँच दशकों से भारतीय रंग-गतिविधियों का अभिन्न अंग रहा है। अपनी मातृभाषा बांग्ला में साहित्य का सृजन करनेवाले बादल सरकार का यश केवल मातृभाषा तक सीमित नहीं रहा, शीघ्र ही वह पूरे भारतवर्ष में छा गया। वे उन विशिष्ट नाटककारों में थे जिनके अधिकांश नाटक हिन्दी में अनूदित हुए और बड़ी संख्या में अन्यान्य भारतीय भाषाओं में भी। यह तथ्य है कि बादल सरकार के नाटकों के अनुवाद आमतौर पर मंचन के लिए किए गए और उनका प्रकाशन मंचन के बाद ही हुआ। कालान्तर में कई नाटकों के अंग्रेज़ी में अनुवाद एवं मंचन भी हुए। यह भी तथ्य है कि अन्यान्य भाषाओं में किए गए अनुवादों में से अधिकांश अनुवाद हिन्दी अनुवाद से किए गए क्योंकि मूल से सीधे अनुवाद करनेवाले बांग्ला भाषा के जानकार अनुवादक हर भाषा में उपलब्ध नहीं होते थे। नाटक का कथ्य और शिल्प निर्देशकों को इतना सम्भावनाओं भरा और आकर्षक लगा था कि वे अधिक प्रतीक्षा नहीं कर पा रहे थे और हिन्दी के माध्यम से अनुवाद करने में उन्हें तनिक संकोच नहीं हुआ। अनुवादकों ने कभी इस बात का उल्लेख किया, अधिकतर नहीं। मगर एक बात निश्चित है कि बीसवीं सदी के सातवें दशक से आज तक पूरे देश में बादल सरकार के नाटक बराबर खेले जा रहे हैं।

बादल सरकार (1925-2011) के नाट्यलेखन का प्रारम्भ हुआ 1956 में और 2003 तक नियमित चालू रहा। इस बीच उन्होंने अट्ठावन छोटे-बड़े

नाटकों का सृजन किया। प्रारम्भ में अपने दल चक्र और बाद में शताब्दी के तत्त्वावधान में बादल सरकार ने स्वयं अपने नाटकों को प्रस्तुत किया, बांग्ला और हिन्दी के अनेक दलों ने, जिनमें कलकत्ता के बहुरूपी और अनामिका, मुम्बई के थिएटर यूनिट और दिल्ली के अभियान तथा पुणे में अमोल पालेकर शामिल हैं जिन्होंने उनके अनेक नाटकों को मंच पर खेला, खुले में खेला, नाना रूपों में उन्हें अपनी कल्पना में सजाया-सँवारा। बादल सरकार के नाटकों में एवम् इन्द्रजित, सारी रात, पगला घोड़ा, बाकी इतिहास, जुलूस, भोमा, कवि कहानी, बड़ी बूआजी आदि विशेष लोकप्रिय हुए और गत पचास वर्षों से बराबर खेले जा रहे हैं।

बादल सरकार के प्रारम्भिक नाटकों में प्रचुर कविताओं का प्रयोग किया गया है। मैं जान-बूझकर **प्रयोग** शब्द का इस्तेमाल कर रही हूँ क्योंकि नाटकों में प्रयुक्त अधिकांश कविताओं का कभी हू-ब-हू और कभी थोड़ा भिन्न रूप में सृजन हुआ था 1957 से 1959 के उनके लन्दन प्रवास के दौरान। नाटक लिखने के समय कभी पूर्वलिखित कविताएँ केन्द्र में होती थीं तो कभी प्रसंगानुसार बादल दा द्वारा उस समय लिखी नई कविताएँ। अवश्य ही यह प्रक्रिया पूर्वनियोजित होती थी अकस्मात् मन में उठनेवाली खामखयाली नहीं। 2009 में बादल सरकार की पचासवीं जन्मतिथि के अवसर पर मैंने उनकी पुस्तक **प्रबासेर हिजिबिजि** का अनुवाद किया। करीब 300 पृष्ठों का यह ग्रन्थ अक्टूबर 1957 से सितम्बर 1959 के बीच उनके दो वर्षों के लन्दन प्रवास, जुलाई 1963 से मार्च 1964 के बीच के नौ महीनों के फ्रांस प्रवास और जुलाई 1964 से मई 1967 के बीच के तीन साल सपरिवार नाइजीरिया में बिताए दिनों का लेखा-जोखा है। इनमें लन्दन प्रवास का ब्योरा उनके लेखन की दृष्टि से एक प्रामाणिक दस्तोवज़ है और इनके माध्यम से उनके लेखन, उसके स्वरूप, कविताओं के लेखन के समय उनकी मानसिक स्थिति, उनके मन का ऊहापोह, दुविधाओं, शंकाओं आदि को हम अधिक समझ पाते हैं, वे हमें अधिक संगत लगती हैं।

बादल बाबू की यह पहली विदेश यात्रा थी, खर्च के लिए पास में पैसे सीमित थे, पराए देश और वातावरण में मन रमने में समय लग रहा था। इस दौरान उनकी फुफेरी बहन मनु (अंजली बसु) और उनके बीच खूब पत्राचार हुआ। पर पत्रों में सारी बातें नहीं कही जा सकीं। उन अनकही बातों को बादल

दा ने डायरी में लिखा। कुछ उसके बाद भी बच रहीं जिन्हें उन्होंने कविता में गूँथा। एक ही काल में कोई व्यक्ति अभिव्यक्ति और भाषा के इतने भिन्न रूप इस्तेमाल कर सकता है और कालान्तर में उन्हें खूबसूरती से एक ही सूत्र में पिरोते चल सकता है, इसका अनुभव मुझे हिजिबिजि पढ़ने के दौरान हुआ जो मेरे लिए एक नया और विशिष्ट अनुभव था। साथ ही काम एक बड़ी चुनौती भी बन गया क्योंकि कविता में कही गईं बहुत सी बातें एक उलझे मन, संवेदनशील उद्वेलित अन्तर तथापि सन्तुलित व्यक्ति की अन्तरंग और निजी बातें थीं, उन्हें उस गहराई तक पहुँचकर आत्मसात् करना आसान काम नहीं था। अनुवाद का पहला प्रारूप पूरा करने के बाद पढ़ने पर खुद को ही लगा कि सब कुछ चुस्त-दुरुस्त नहीं हुआ है, और मेहनत चाहिए। किसी की सहायता आवश्यक थी। इस कार्य में नाट्य शोध संस्थान में मेरी सहयोगी डॉक्टर बासबी राय ने मेरी बड़ी सहायता की, करीब बीस बैठकों में मैंने पूरा आलेख उनको पढ़कर सुनाया, उन्होंने अपेक्षित संशोधन करवाए तब कहीं जाकर काम पूरा हुआ, मन को सन्तोष हुआ।

प्रबासेर हिजिबिजि (लेखन/संकलन 2006) का अनुवाद मैंने **प्रवासी की कलम से** (2009) नाम से किया। शीर्षक से बादल दा सन्तुष्ट नहीं थे क्योंकि बांग्ला शब्द हिजिबिजि अंग्रेजी के स्क्रिबलिंग का पर्याय है जो यों ही बैठे-बैठे कुछ सार्थक-निरर्थक लिखते रहने को व्यक्त करता है। हिन्दी में मुझे इसका समानार्थी कोई दूसरा शब्द नहीं मिला, फलस्वरूप मूल शीर्षक से भिन्न शीर्षक देना पड़ा। वैसे मुझे लगा कि बादल दा पुस्तक को हिजिबिजि का रूप जरूर देना चाहते रहे होंगे पर चालीस-पैंतालीस वर्षों बाद जब उन्होंने अपने लिखे पुराने पत्रों, डायरी के पृष्ठों और कविताओं को एक साथ मिलाकर पुस्तक का रूप दिया, तब उस सारी बिखरी सामग्री ने व्यवस्थित और सुनियोजित रूप ले लिया। पुस्तक जो तैयार हुई वह हिजिबिजि न रहकर उनके जीवन के एक महत्त्वपूर्ण खंड का अत्यन्त ईमानदारी से प्रस्तुत किया गया प्रामाणिक ब्योरा बन गई।

अनुवाद

और यहीं से शुरू होती है अनुवादक की परीक्षा। लेखक ने जितनी ईमानदारी से और जिस तरह अपने आपको पहले अपने एक मित्र के सामने, फिर अपने

आपके सामने और अन्त में सबके सामने उधेड़कर रख दिया था उसे उसी ईमानदारी और विश्वसनीयता के साथ अनुवादक को अपनी भाषा के माध्यम से एक अन्य भाषा-भाषी पाठक वर्ग के सामने प्रस्तुत करना था, जो बादल बाबू से उतना परिचित नहीं था। पुस्तक मूलत: पत्रों का संग्रह है जिसमें कविताएँ और डायरी के पृष्ठ पिरोए गए हैं। पुस्तक की सामग्री का लेखन दस वर्ष के कालखंड (1957 से 1967 के बीच) में पत्रों, डायरी के पृष्ठों और कविताओं के रूप में पहले किया जा चुका था जिनकी भाषा और अभिव्यक्ति का अपना वैशिष्ट्य था। इस सामग्री को उन्होंने 30-35 सालों बाद एक सूत्र में पिरोया। कथ्य एक सूत्र में पिरो दिया गया पर उनकी अभिव्यक्ति की विशिष्टता बरकरार थी जिसका अनुवादक को एक के बाद एक लिखे गए पत्र, कविता और डायरी का अनुवाद करते चलने में निर्वाह करना था। उसे एक ही पृष्ठ में सहज, सरल आम बोलचाल की भाषा, आत्मविवेचन के लिए अपेक्षित गम्भीर भाषा तथा विचार-विवेचन और आत्ममन्थन में प्रयुक्त कुछ इस दुनिया और कुछ उस दुनिया की बातें करने के समय प्रयुक्त की जानेवाली भाषा और अभिव्यक्ति का संगत उपयोग करना था जो स्वाभाविक और प्रवाहमय लगे। मैंने अनुवाद में यथासम्भव भाषा के तीन स्पष्ट रूपों का इस्तेमाल करने का प्रयत्न किया। नाटकों में बादल बाबू ने आमतौर पर सहज, सरल भाषा और शब्दावली का इस्तेमाल किया है पर हिजिबिजि में प्रचुर देशज शब्द भी आए हैं। उनकी जानकारी मुझे नहीं थी। उस समस्या का समाधान हरिचरण बन्द्योपाध्याय के शब्दकोश और बासबी राय तथा अन्य सहयोगियों ने किया।

दूसरी परीक्षा। पुस्तक में बड़ी-छोटी मिलाकर करीब 25 कविताएँ सम्मिलित हैं जिनमें से अधिकांश लन्दन में लिखी गई थीं। मैंने जब बादल दा से कहा कि इतनी कविताओं का अनुवाद कैसे कर पाऊँगी तो उनका उत्तर था कि इनमें से अधिकांश कविताओं का अनुवाद आप एवम् इन्द्रजित् और सारी रात में कर चुकी हैं, शेष में से कुछ का कर लीजिएगा और न कर सकिएगा तो छोड़ दीजिएगा। उनकी इस बात से स्पष्ट हुआ कि उपर्युक्त दोनों नाटकों की कविताएँ पहले ही लिखी जा चुकी थीं, उन्हें बाद में नाटकों में समाविष्ट किया गया था। पर जब हिजिबिजि में कविताओं को पढ़ा तो पाया कि कविताओं के मूल स्वरूप और बांग्ला नाटक में प्रयुक्त स्वरूप में अन्तर है। हिन्दी पाठक-

दर्शक वर्ग की मानसिकता को ध्यान में रखते हुए अनुवाद के समय मैंने भी कुछ उलट-पुलट किया था। फलस्वरूप हिन्दी नाटकों में प्रयुक्त अनुवाद का उपयोग नई पुस्तक में नहीं किया जा सकता था, क्योंकि मैं तो हिजिबिजि का अनुवाद कर रही थी, एबोंग इन्द्रजित् या सारा रात्तिर का नहीं। सारी कविताओं का अनुवाद करना पड़ा। कुछ के अनुवाद अच्छे बन पड़े, कुछ साधारण रह गए। उलझी हुई मन:स्थिति को पहले तो समझना और आत्मसात् करना ही कठिन, फिर उनका सही वजन के साथ सम्प्रेषण और भी दुरूह कार्य था। किया, स्वयं मुझे सन्तोष है, पाठकों की प्रतिक्रिया की प्रतीक्षा है।

मैंने बादल सरकार के कुल दस नाटकों और एक प्रबासेर हिजिबिजि ग्रन्थ का अनुवाद किया। क्रमानुसार एवम् इन्द्रजित् (1968), बल्लभपुर की रूपकथा (1969), राम-श्याम-जदु (1970), पगला घोड़ा (1971), अबू हसन (1973), सारी रात (1974), बड़ी बूआजी (1974), यदि एक बार फिर से (1982), घेरा (1983) और नाटककार की खोज में तीन चरित्र (2009)। इनमें से यदि *एक बार फिर* से और *घेरा* को छोड़कर सबका मंचन अनामिका ने किया। सच पूछिए तो अनुवाद किए ही गए थे अनामिका के लिए। इन नाटकों के निर्देशकों में श्यामानन्द जालान (एवं और पगला घोड़ा), कृष्ण कुमार (बल्लभपुर), बादल सरकार (राम-श्याम-जदु), विमल लाठ (अबू हसन, नाटककार की), शिवकुमार झुनझुनवाला (सारी रात) और शिवकुमार जोशी (बड़ी बूआजी) शामिल थे। अनामिका ने बादल सरकार के बाकी इतिहास का भी मंचन किया था जिसके निदेशक शिवकुगार झुनझुनवाला थे, अनुवाद नेमिचन्द्र जैन का था।

सबसे पहले चर्चा **एवम् इन्द्रजित्** के अनुवाद की। बांग्ला एबोंग इन्द्रजित् की रचना हुई 1963 में। इसका प्रथम प्रकाशन हुआ जुलाई 1965 में बहुरूपी पत्रिका के अंक 22 में और पुस्तकाकार छपा 1968 में। मध्यवित्त लोगों के आम जीवन की दैनन्दिन समस्याओं का चित्रण करनेवाले नए ढंग से लिखे गए नाटक ने पाठकों और निर्देशकों को आकृष्ट किया। देश के शीर्षस्थ निर्देशक शम्भु मित्र ने इसे करने का मानस बनाया पर कुछ गलतफ़हमियों के चलते वैसा नहीं हो पाया और इसका पहला मंचन किया कलकत्ता के नाट्यदल शौभनिक ने सितम्बर 1965 में। आम लोगों को प्रस्तुति बहुत अच्छी लगी, समीक्षकों ने प्रस्तुति की स्थूलता के लिए निर्देशक गोबिन्द गंगोपाध्याय की

कड़ी आलोचना की और नाटक के आलेख को पूरा महत्त्व देते हुए शौभनिक की प्रस्तुति को एकदम खारिज कर दिया। हम लोगों ने भी मुक्तांगन में नाटक देखा, बहुत अच्छा लगा। अनामिका की ओर से इसके मंचन की सम्भावनाओं पर विचार-विमर्श किया जाने लगा। मन में थोड़ा असमंजस था कि इस नए नाटक के कथ्य और शिल्प को हिन्दी का दर्शक कहाँ तक स्वीकार कर पाएगा। इस दुविधा के निराकरण के लिए अनामिका के सदस्यों के लिए इसका एक प्रदर्शन करने को शौभनिक को आमंत्रित किया गया। श्रीशिक्षायतन के छोटे-से मंच पर नाटक मूल बांग्ला में खेला गया। दर्शक मुग्ध थे।

तत्काल करने का निर्णय ले लिया गया और अनुवाद करने का भार मुझ पर डाला गया। अनुवाद के लिए लेखक की अनुमति चाहिए। बादल दा उन दिनों नाइजीरिया में रह रहे थे। खोज-पूछ करने पर पता चला कि वे कलकत्ता आए हुए थे। किसी से फोन नम्बर पता करके उनसे सम्पर्क किया और शीघ्र ही एक दिन दिन में तीन बजे मिलना तय हुआ। उन्होंने कहा-मेरा घर दूर है, आपको आने में असुविधा होगी। आप मेरी बहन के यहाँ आ जाइए, वे बहू बाजार में रहती हैं, आपको सुविधा रहेगी। पता वगैरह नोट कर लिया। जानेवाले दिन मन में आया-नई जगह नए आदमी से मिलने जाना है किसी को साथ ले लूँ। फिर मन ने ही कहा-ऐसी क्या बात है? सीधा पता है, असुविधा क्या होगी। महिला होने के कारण होनेवाले संकोच की बात को मन में ही दबा दिया। निर्धारित दिन निर्धारित समय पर बादल बाबू की बहन के फ्लैट की घंटी टीपी। दरवाजा खुला। सामने सामान्य से दिखनेवाले एक सज्जन खड़े थे। लगा मुझे देखकर थोड़ा अचकचाए। खैर, नमस्कार की औपचारिकता निभाते-निभाते वे बोले-आइए, आइए। अभी घर में और कोई नहीं है पर मेरी बहन आती ही होंगी। मैं चौंकी। घर में कोई नहीं है? तो फिर अकेले घर में मुझ महिला को बुलाया क्यों? कैसा आदमी है रे बाबा! इधर-उधर नज़र दौड़ाई, खिड़की-दरवाजे सब खुले थे, बगल के घरों में लोग रह रहे थे। मन में संकोच लिये बैठ गई। जरा देर बाद बहन अंजली बसु के पति कानु और वे स्वयं भी आ गईं। बातचीत हुई। बादल दा ने सहर्ष एवम् इन्द्रजित् के अनुवाद की अनुमति दी। मैं खुशी-खुशी लौट आई।

वर्षों बाद एक दिन इस पहली मुलाकात की चर्चा चल पड़ी और मैंने अपनी कही तो बादल दा बोले-'अब मेरा हाल सुनिए। फ़ोन पर आपका गला

मुझे किसी पुरुष के गले जैसा लगा और मैंने नि:संकोच दोपहर में घरवालों के आने से पहले आपको बुला लिया। दरवाजा खोलने पर सामने एक महिला देखकर तो मैं महा मुसीबत में कि आप क्या सोचेंगी। गनीमत थी कि कानु जल्दी ही आ गया, नहीं तो...।' हम दोनों खूब हँसे।

1967 की एक दोपहर में बादल सरकार से हुआ यह नाटकीय परिचय उनके अन्तिम दिन तक बना रहा। उनके दस नाटकों का अनुवाद मैंने किया, अनामिका ने उन्हें खेला, उन्होंने राम-श्याम-जदु का निर्देशन किया, अनामिका और नाट्य शोध संस्थान में जब आमंत्रित किया तब वे आए, संस्थान के लिए नाट्यपाठ तथा साक्षात्कार रेकॉर्ड करवाया, अपनी प्रस्तुतियों को रेकॉर्ड करने की अनुमति दी और अपनी छोटी-बड़ी बीस से अधिक हस्तलिखित पांडुलिपियों को नाट्य शोध संस्थान के संग्रहालय के लिए भेंट दिया। हम सब उनके आभारी हैं।

एवम् इन्द्रजित् का अनुवाद शुरू हुआ। नाटक का कथ्य यथार्थवादी और सामयिक है तथापि उसका शिल्प प्रतीकात्मक है। लेखक ने बड़ी कुशलतापूर्वक यथार्थ और कल्पना का संयोजन किया है। एक ही पात्र द्वारा कई भूमिकाओं का निर्वाह, एक ही अंक में एकाधिक दृश्यों का संयोजन जो बिना मंच-सज्जा बदले एक-दूसरे में संक्रमण करते रहते हैं, अलक्ष्य पात्रों की उपस्थिति साक्षात्कार करानेवाले (पात्र) आदि नाटक में अन्तर्निहित ऐसी स्थितियाँ हैं जिन्हें प्रस्तुत करने के लिए पर्याप्त कल्पना का उपयोग आवश्यक होगा। नाटक का क्रिया-कलाप 15 वर्ष में फैला है जिसे लेखक ने कुशलतापूर्वक समेटा है। अमल, विमल, कमल एवम् इन्द्रजित् (निर्मल)-सहज, सरल भाषा, रोज़मर्रा की आम बातें, युवावस्था में की जानेवाली चुहलबाजियाँ, विद्यार्थी जीवन की आशा-आकांक्षाएँ जो धीरे-धीरे शंकाएँ, दुविधाएँ, अनिश्चितता में रूपान्तरित होती हुईं, स्थिर होती हुईं आगे बढ़ती हैं। और इनमें सबसे भिन्न इन्द्रजित् (निर्मल) जो अलग ढंग से सोचता है, अलग तरह से व्यवहार करता है तथापि अपने प्रयत्नों में सफल नहीं हो पाता, अपना परिचय इन्द्रजित् देने के बावजूद अलग, विमल और कमल के साथ निर्मल होकर ही रह जाता है, इन्द्रजित् नहीं बन पाता। प्रवाहमयी भाषा और अभिव्यक्ति...अनुवादक की कलम भी चल

पड़ी। प्रारम्भिक छोटी-छोटी कविताओं के अनुवाद में भी कोई असुविधा नहीं हुई पर जैसे-जैसे नाटक आगे बढ़ा, नाटक के पात्र वयस्क हुए, उनकी बातें और भावनाएँ भी परिपक्व होने लगीं, लेखक और इन्द्रजित् तथा इन्द्रजित और मानसी की बातें अधिक गम्भीर और तात्पर्यपूर्ण होने लगीं। जैसे-जैसे वे समझ-बूझकर बात कह रहे थे वैसे ही अनुवादक की कलम को भी समझ-बूझकर हर शब्द का इस्तेमाल करना था। यद्यपि नाटक की कविताएँ उसके काव्य का अभिन्न अंग थीं तथापि अपने आपमें भी वे जीवन के किसी अन्तरंग तत्त्व की मीमांसा करनेवाली, उनका अनुभव करानेवाली स्वतंत्र इकाई भी थीं। मुझे उन्हें नाटक के एक संवाद की तरह भी प्रस्तुत करना था और एक स्वतंत्र इकाई के रूप में भी। ये सारी बातें आज इतने वर्षों बाद समझ में आ रही हैं, उस समय सहज रूप से कलम से निःसृत होती रहीं।

कविताओं का अनुवाद सुखद अनुभव था। श्यामानन्द जालान नाटक का निर्देशन और लेखक की भूमिका में अभिनय करनेवाले थे। मुझे सन्देह था कि नाटक की लम्बी-लम्बी कविताओं को मुखस्थ करके वे मंच पर सम्प्रेषित कर पाएँगे। मैंने यह बात उनसे कही। दो-तीन दिन बाद ही उन्होंने एक लम्बी कविता कंठस्थ करके फ़ोन पर सुनाई तो लगा कि कोई असुविधा नहीं होगी, वे कविताओं का पाठ बहुत अच्छी तरह कर पाएँगे। मेरा काम पूरा हुआ। नाटक का रिहर्सल शुरू हुआ।

मंचन

एक दिन बादल दा का फ़ोन आया कि दिल्ली से पत्र आया है, वहाँ रामगोपाल बजाज वगैरह नाट्य दल यांत्रिक के तत्त्वावधान में इन्द्रजित् के हिन्दी अनुवाद का अभिनय शीघ्र ही करना चाहते हैं, मुझसे अनुवाद और मंचन की अनुमति माँग रहे हैं। अनुवाद रामगोपाल बजाज ने किया है। निर्देशन मोहन महर्षि का होगा और लेखक की भूमिका में अभिनय करेंगे ओम शिवपुरी। इस बीच बादल सरकार से मेरा अनुबन्ध हस्ताक्षरित हो चुका था जिसके अनुसार अनुवाद पर सर्वाधिकार मेरा था। बादल दा और मैं दोनों ही दुविधा में। देश के नामी अभिनेता नाटक का मंचन करना चाहते हैं, पूरी तैयारी कर चुके हैं, उन्हें रोकना क्या उचित होगा? मेरा व्यक्तिगत परिचय सबसे था। पर फिर मेरे अनुवाद का क्या होगा? मैंने बहुत सोच-विचार के बाद बादल दा को सूचित

किया कि चूँकि वे नाटक की तैयारी कर चुके हैं, वे उसे मंचित कर लें पर न उनका अनुवाद छपेगा न ही और कोई उस आलेख का अभिनय कर सकेगा। मुझे सन्तोष रहा कि मैंने अपने अधिकार के चलते उनकी प्रस्तुति को रोका नहीं और वैसा करके मेरा भी कोई नुकसान नहीं हुआ। कवि भारत भूषण अग्रवाल और रामगोपाल बजाज के अनुवाद करने की बात किन्तु काम शुरू होने के थोड़े ही दिन बाद भारत जी का निधन हो गया, अतः कविताओं का अनुवाद छोड़ दिया गया। निर्देशक का कहना था कि संवाद में जो बात कही गई है वही कविता में दोहराई गई है, अतः कविताओं को बाद देने से नाटक के कथ्य की कोई क्षति नहीं हुई थी वरन् वह और चुस्त हो गया था। बाद में कलकत्ता में मैंने उनकी प्रस्तुति देखी। उस आलेख में कविताएँ छोड़ दी गई थीं। असल में करीब तीन साल पहले 2008 में नाट्य शोध संस्थान द्वारा आयोजित अनुवाद संगोष्ठी में रामगोपाल बजाज ने उस अनुवाद की एक जिरॉक्स प्रति संस्थान को भेंट दी। मुझे नाटक में कविताओं का अभाव पहले भी खटका था। पिछले दिनों दिल्ली वाला आलेख पढ़कर फिर वही अनुभूति हुई। कविता में कथ्य की पुनरावृत्ति की बात सही है पर मुझे तो लगा कि उसके कारण बात और अच्छी तरह हृदयंगम होती थी, कथ्य भी एक और ऊँचा धरातल प्राप्त करता था। मुझे सन्तोष है कि मैंने कविताओं का अनुवाद किया और उनसे समन्वित मेरा अनुवाद छपा। वैसा न होता तो एवम् इन्द्रजित् जैसे सशक्त नाटक से हिन्दी नाट्य जगत् वंचित रह जाता।

मेरे आलेख का पहला मंचन मुम्बई में सत्यदेव दुबे ने अपने थिएटर यूनिट के लिए किया। उन्हें जब आलेख भेजा तो वे परम गद्गद हुए–नाटक और अनुवाद दोनों से। मुझे लम्बा पत्र लिखा। इन्द्रजित् के साथ उन्होंने अद्भुत साम्य का अनुभव किया। बाद में जब बादल बाबू ने अपनी अंगनमंच शैली के लिए लिखना और उसमें ही मंचन करने का निर्णय किया तथा भविष्य में इन्द्रजित् जैसे नाटक लिखने या खेलने में अरुचि दिखलाई तो उससे लोग बहुत आहत हुए और बादल बाबू पर इन्द्रजित् नाटक को नकारने (डिसओन) का आरोप तक लगाया गया। दुबे तो इन्द्रजित् के साथ इतना एकात्म हो गए थे कि उन्होंने कहा–इन्द्रजित् को नकारकर बादल बाबू मेरे पूरे अस्तित्व को ही नकार रहे हैं। वे ऐसा नहीं कर सकते। इन्द्रजित् के साथ अनेक लोगों ने इसी तरह की एकात्मता का अनुभव किया। देश की अधिकांश भाषाओं में इसका

अनुवाद हुआ, अंग्रेजी में गिरीश कर्नाड ने, कन्नड़ में प्रेमा कारंत ने, मराठी में श्रीकान्त कुलकर्णी ने किया। नाटक खूब खेला गया। पाँच पुरुष और एक महिला पात्र वाला नाटक शौकिया दलों के लिए मंचन की दृष्टि से भी सुविधाजनक था। बादल सरकार पूरे देश में एवम् इन्द्रजित् जैसे सशक्त नाटक के समर्थ लेखक के रूप में प्रतिष्ठित हुए। एवम् इन्द्रजित् के अनुवाद के माध्यम से उन्हें पूरे देश में पहुँचाने का श्रेय मुझे भी मिला। बाद में अखिल भारतीय स्तर पर जिन चार नाटककारों की गणना देश के शीर्षस्थ नाटककारों में की जाने लगी, वे थे–मोहन राकेश (आधे अधूरे), बादल सरकार (एवम् इन्द्रजित), विजय तेंडुलकर (शांतता कोर्ट चालू आहे) और गिरीश कर्नाड (तुग़लक)।

एवम् इन्द्रजित् की तीन प्रारम्भिक प्रस्तुतियाँ

अब बात विस्तार से एवम् इन्द्रजित् की तीन प्रारम्भिक प्रस्तुतियों की। बांग्ला में शौभनिक ने 1963 में हिन्दी में सबसे पहले दिल्ली के यात्रिक दल ने 1967–68 में और बाद में अनामिका ने 1968 में प्रस्तुत किया। इन्हें देखने का अवसर मुझे मिला था। पहले 1969 में प्रकाशित एवम् इन्द्रजित् का निदेशकीय वक्तव्य जिसमें निर्देशक श्यामानन्द जालान ने नाटक के कथ्य एवं शिल्प का विस्तार से वर्णन किया है।

ऊपर से पर्याप्त स्पष्ट दीखते हुए भी कोई कृति कितनी जटिल हो सकती है और उसके मूल कथ्य की व्याख्या करते हुए हम किस तरह एक–दूसरे से भिन्न दृष्टिकोण अपना सकते हैं, यह तथ्य बादल सरकार के एवम् इन्द्रजित् की तीन प्रस्तुतियों को देखकर हस्तामलकवत् स्पष्ट हो गया। कथ्य और शिल्प, ये ही दो बिन्दु हैं जिन पर सारे नाटक का रूपायन निर्भर करता है। कथ्य सर्वथा लेखक का होता है, निर्देशक उसे यथासम्भव आत्मसात् करता है, गहरे उतरकर उसका साक्षात्कार करता है और तब अपनी कल्पना के द्वारा उसे रंग–रंजित करके मंच पर खड़ा करता है। जहाँ कथ्य का अधिकांश लेखक का होता है, वहीं शिल्प का अधिकांश निर्देशक का होता है। नाट्यकार निश्चित रूप से एक विशेष शैली में नाटक लिखता है, उसका अपना शिल्प होता है तथापि निर्देशक को पूरी स्वतंत्रता होती है कि वह इच्छानुसार इसका अतिक्रमण करे। पहले एवम् इन्द्रजित के कथ्य की बात लें। नाट्यकार का मूल उद्देश्य क्या है? क्य वह आज के जन–मानस की हलचल को चित्रित भर करना चाहता है या उसके माध्यम से और कुछ भी कहना चाहता है? क्या इन्द्रजित् की 'मृत्यु का वरण' करने की इच्छा मुख्य बात है जिसे वह दर्शकों के सामने रखना चाहता है या मृत्यु का वरण न करके जीवन–पथ पर चलने की मानसी

की प्रेरणा को वह उससे अधिक महत्त्व देना चाहता है? क्या यह पथ सामान्य-साधारण पथ है या तीर्थ-पथ जिस पर चलने की दीक्षा कवि ने अपने जीवन के स्वर्ण-प्रात में प्राप्त की थी और जिसे वह अपनी जीवन-सन्ध्या में पहुँचकर भी भुलाना नहीं चाहता? क्या कवि और इन्द्रजित् एक ही व्यक्तित्व के दो छिटके हुए रूप हैं? इन्द्रजित् की निराशा, घुटन और थकान क्या लेखक की अपनी निराशा, घुटन और थकान है? क्या जीवन की अनिवार्य परिणति यही है कि अमल-विमल-कमल की तरह जीवन की गाड़ी को खींचता चला जाए और इन्द्रजित् की तरह कुछ विशाल विराट करने की चेष्टा में सर्वथा टूटकर आस्था, विश्वास सबको खोकर जीवन को अस्वीकार करने की बात की जाए या कवि की तरह पथ के अन्त में तीर्थ नहीं है फिर भी तीर्थ-पथ तो है इस सत्य को स्वीकार करते हुए स्थिति को स्वीकार करके चलते चलना है? नाटक का अन्त आशावादी है या निराशावादी या इन दोनों से भिन्न कुछ और ही आशा-निराशाहीन है?

ये कुछ सार्थक प्रश्न हैं जो एवम् इन्द्रजित् को पढ़कर सामने आते हैं और जिसका निर्देशक-त्रय ने अपने-अपने ढंग से, अपनी-अपनी कल्पना के अनुसार उत्तर देने का प्रयत्न किया है। वैसे तो इस नाटक की बांग्ला, गुजराती और हिन्दी में कई प्रस्तुतियाँ हो चुकी हैं, तथापि मैं शौभनिक (बांग्ला : कलकत्ता), अनामिका (हिन्दी : कोलकाता) और यात्रिक (हिन्दी : दिल्ली) की तीन प्रस्तुतियों की ही चर्चा कर रही हूँ, क्योंकि मैं इन्हें ही देख पाई हूँ। सर्वप्रथम इस नाटक को कोई पचास साल पहले मूल बांग्ला में किया गया, निर्देशक एवं मुख्य अभिनेता थे गोविन्द गंगोपाध्याय। प्रस्तुति अत्यन्त प्रभावपूर्ण और लम्बे अरसे तक दिमाग पर छाई रही, अगले कई महीनों में दो बार और अपने पास खींचने में समर्थ हुई। गोविन्द बाबू ने निश्चित रूप से आशावादी दृष्टिकोण लिया था। जीवन की सारी उलझनों, दुखों के बाद भी जीवन स्वीकार करने के लिए-किसी उज्ज्वल भविष्य का आश्वासन न होते हुए भी हमें चलना है क्योंकि सामने पथ पड़ा है-रुकने का अर्थ है मृत्यु, जीवन की गति को बेताला करने की निरर्थक चेष्टा। बड़े प्रभावपूर्ण ढंग से गोविन्द बाबू ने अपने दृष्टिकोण को स्पष्ट किया था यद्यपि इस प्रयत्न में इन्द्रजित् की घुटन और मानसिक द्वन्द्व कहीं खो गया था, जीवन को स्वीकार करने या न करने के निर्णय के बीच कसमसाता, छटपटाता उसका अन्तर कहीं अपने में ही डूब गया था, आत्मलीन

हो गया था। नाटक के प्रारम्भ से ही मंच पर लगी लाल लाइट का अन्त में–इन्द्रजित् के जीवन को स्वीकार करने का निर्णय कर लेने पर–हरी हो जाना, इस सूक्ष्म और गम्भीर तथ्य को प्रस्तुत करने का बड़ा भोंड़ा तरीका था। फिर भी यह स्वीकार करना पड़ेगा कि शौभनिक की यह प्रस्तुति मन पर गहरी छाप छोड़ गई थी और सच पूछिए तो एवम् इन्द्रजित् नाटक और उसके लेखक बादल सरकार की श्रेष्ठता को अखिल भारतीय स्तर पर प्रतिष्ठित कर गई।

हिन्दी में पहली प्रस्तुति थी यात्रिक, दिल्ली की (1967–68), अनुवाद कवि भारत भूषण अग्रवाल तथा रामगोपाल बजाज का और निर्देशन मोहन महर्षि का। उनकी दृष्टि में लेखक और इन्द्रजित् एक ही व्यक्तित्व के दो रूप थे, इन्द्रजित् के माध्यम से लेखक अपनी ही बात कहना चाहता था। और वह बात भी अत्यन्त निराशाभरी, आशा–विश्वास–आस्थाहीन एक ऐसे व्यक्ति की जो अपने केन्द्र से स्खलित हो गया था, जो ज्वलन्त उल्का की तरह आकाश भेदकर ऊपर उठने में सर्वथा असमर्थ साबित हुआ, इस चेष्टा में जो झुलसकर रह गया, न प्रकाश हुआ न ज्वाला! ऐसे जीवन को लेकर क्या करना? और इसीलिए नाटक के अन्त में (निर्देशक द्वारा आरोपित) लेखक इन्द्रजित् का गला घोंट देता है–मानो सब कुछ से ऊबकर, थककर अपने को नि:शेष कर दे रहा हो। इस अन्त को ले आने के लिए निर्देशक ने नाटक के अन्तिम कई पृष्ठों को छोड़ दिया था, पथ और चलना, तीर्थ और तीर्थपथ उसके लिए महत्त्वहीन हो गए थे। मुझे ऐसा लगा कि यह नाटक के कथ्य को बहुत अधिक खींचना था बल्कि स्पष्ट कहूँ तो उसके साथ अन्याय करना था। नाटक का अन्तिम अंश कथ्य की दृष्टि से अत्यन्त महत्त्वपूर्ण है, उसे बाद देने का मतलब शरीर से आत्मा को बाद देना है। नाटक से सारी कविताओं को बाद देने के कारण ऐसा मतिभ्रम हुआ। इस भूल के कारण न तो नाटक की मूल आत्मा उभरकर आई और न ही चरित्र (लेखक और इन्द्र का) पूरे आवेग और आन्तरिक शक्ति के साथ सामने आए। ओम शिवपुरी जैसे सशक्त अभिनेता और अन्यान्य कुशल सहयोगियों के बावजूद बात बनी नहीं। कलकत्ता के प्रदर्शन में अवश्य ही इन्द्र की हत्या नहीं करवाई गई थी, तथापि अन्त में पर्याप्त अंश को छोड़ देने के कारण नाटक तब भी मुंडहीन ही था। अन्त अत्यन्त दुर्बल रहा। कालान्तर में नाटक के कुछेक प्रदर्शन दिशान्तर के तत्त्वावधान में भी किए गए।

हिन्दी में दूसरी प्रस्तुति अनामिका, कोलकाता की थी (1968), अनुवाद

था प्रतिभा अग्रवाल का और निर्देशन श्यामानन्द जालान का। अवश्य ही वे नाटक के कथ्य को समझने और पकड़ने की दिशा में विशेष सचेष्ट थे। बादल बाबू के साथ कई-कई दिनों तक विचार-विमर्श इसके साक्षी हैं। उन्हें आज के युवामन की घुटन और द्वन्द्व ही नाटक का मूल कथ्य लगा-कहीं भी आशा की क्षीण रेखा उन्हें नहीं दिखी। नाटक की अन्तिम कविता में कही गई तीर्थ और तीर्थ-पथ की बात जैसे उनके लिए गौण थी या कहूँ नगण्य थी, सिसिफस की तरह पत्थर के टुकड़े को पहाड़ की चोटी पर पहुँचाने की व्यर्थ चेष्टा की पीड़ा ही प्रमुख थी। उनके लिए लेखक और इन्द्रजित् एक न होते हुए भी-Split-Self न होते हुए भी-एक से ही थे, इन्द्रजित् की घुटन लेखक की ही घुटन थी। इस दृष्टि के परिणामस्वरूप चरित्रांकन बड़ा सशक्त हुआ, नाटक एक अत्यन्त गम्भीर स्तर पर प्रतिष्ठित हुआ, उसका कथ्य कहीं मन को झकझोर देनेवाला हुआ। किन्तु साथ ही बोझिल भी। अत्यन्त विवशतापूर्वक स्वीकार किया गया जीवन जिया गया तो क्या, न जिया गया तो क्या! मंचित होने के पूर्व, पूर्वाभ्यास के दौरान नाटक का अन्त इतना बोझिल लगता था कि पूछिए मत। ऐसा लगता था जैसे मंच पर खड़े लेखक-इन्द्रजित-मानसी जवित व्यक्ति न हों, अभिशप्त सिसिफस की प्रेतात्मा ही हों, जीवित लाश हों। किन्तु मंचन तक पहुँचते-पहुँचते यह घोर निराशा और व्यर्थता उतनी मर्मभेदी नहीं रह गई, जीवन का स्वीकार जीवन का स्वीकार बना, मृत्यु का नहीं। पता नहीं यह अन्तर निर्देशक की आन्तरिक प्रेरणा के कारण आया या दर्शकों एवं आलोचकों की प्रतिक्रिया के कारण, किन्तु मेरी दृष्टि में था सही दिशा में। यदि जीवन में आशा का इतना-सा भी आभास न हो तो इन्द्रजित् का मृत्यु का वरण करना ही एकमात्र संगति हो सकती है।

शिल्प

नाटक एवं प्रस्तुतियों के शिल्प के सम्बन्ध में कुछ कहे बिना बात अधूरी रह जाएगी। लेखक ने यथार्थवादी घटनाओं को अयथार्थवादी शिल्प के माध्यम से प्रस्तुत किया है। अत: अनेक स्थितियों, चरित्रांकन और बातचीत में जहाँ अत्यन्त यथार्थवादी पुट मिलता है वहीं उन्हें रूपायित करने में पर्याप्त कल्पना का योग अनिवार्य हो उठता है। नाटक में अनेक दृश्यों की योजना है, उन्हें यथार्थवादी शैली में बार-बार दृश्य-परिवर्तन करके प्रस्तुत किया जाए तो

अच्छा-खासा तमाशा बन जाए। उन्हें एक ही दृश्य-बन्ध पर प्रस्तुत करना अनिवार्य है, अत: निर्देशक एवं दर्शक दोनों की कल्पना सजग हो उठती है। इसी प्रकार इन्द्रजित् को छोड़कर अन्य सभी पात्र एकाधिक भूमिका का निर्वाह करते हैं। अत्यन्त सामान्य स्थूल परिवर्तन करके सर्वथा भिन्न व्यक्तित्व प्रस्तुत करना नाटक की दूसरी और मूक अभिनय उसकी तीसरी अनिवार्यता है। तीनों निर्देशकों ने इनका सफलतापूर्वक निर्वाह किया। इसमें कोई सन्देह नहीं कि शौभनिक की प्रस्तुति में मूक-अभिनय वाले अंश सर्वाधिक सजीव एवं प्रभावपूर्ण थे। गोविन्द बाबू ने कुछ सामान्य चीजें, जैसे-झाड़न, ताश आदि मंच पर ली थीं, मोहन महर्षि ने लेखक के लिखने का साज-सामान पूरा दिया था। श्यामानन्द जी ने उनको एकदम बाद दे दिया था। यह एक ऐसा नाटक है (शायद-कोई भी नाटक ऐसा बना लिया जा सकता है) जिसे इच्छानुसार शैली में उपकरणों को लेकर या बाद देकर प्रस्तुत कर सकते हैं। इस सिलसिले में अनामिका की प्रस्तुति विशेष उल्लेखनीय थी। इसमें निर्देशक ने कुछ सफल प्रयोग किए जिनमें सर्वाधिक महत्त्वपूर्ण था पात्रों को मंच पर सर्वथा अचल करवा देना-Freeze करवा देना। इसके परिणामस्वरूप कहीं जीवन की स्थिरता का बोध हुआ, कहीं हमारी एकरूपता का बोध हुआ और कहीं जीवन की अनवरत प्रवाह का। इसी प्रकार गोलाकार गति के द्वारा उन्होंने आदि-अन्तहीन जीवन, निरन्तर घूमती हुई पृथ्वी, सतत चलायमान जीवन आदि तथ्यों का विभिन्न प्रसंगों में बोध करवाया। संगीत और आधुनिकतम पाश्चात्य नृत्य की अतिरंजित भंगिमाओं के बीच आज के जीवन में की जानेवाली बहुत-सी अर्थहीन बातों को कहलवाकर उन्होंने हमारे जीवन और हमारी बातों, दोनों की व्यर्थता को बड़े प्रभावपूर्ण ढंग से मुखर किया था। साथ ही यह भी सही है कि सारी प्रस्तुति में भाव-भंगिमाओं एवं अंग-संचालन के क्षेत्र में अतिरंजना थी, जीवन के खोखलेपन को व्यक्त करनेवाली बनावटी हँसी अनेक स्थलों पर बहुत अधिक हो गई थी, मूक-अभिनय की छोटी-छोटी बारीकियों की ओर कम ध्यान दिया गया था, अनेक स्थलों पर पात्र अनावश्यक रूप से हल्ला कर रहे थे। फिर भी यह निस्संकोच कहा जा सकता है कि श्यामानन्द ने नाटक को सबसे अधिक समझा था, साहसपूर्वक कुछ सफल प्रयोग किए थे।

अभिनय की दृष्टि से शौभनिक की प्रस्तुति में उनका टीम वर्क अच्छा था, अमल-विमल-कमल और मानसी अत्यन्त सजीव और सहज थे। लेखक के

रूप में गोविन्द बाबू अमिट छाप छोड़ गए थे। हाँ, इन्द्र में वह आवेग नहीं था जो उस भूमिका के लिए अपेक्षित है। सम्भवतः इसका कारण चरित्रांकन रहा हो। श्यामानन्द की प्रस्तुति में उनके लेखक के अतिरिक्त अन्यान्य भूमिकाएँ दुर्बल थीं–विशेषकर उनकी तुलना में अन्य सभी पात्र बचकाने लग रहे थे। इन्द्र अत्यधिक लाउड था, मानो वह अपनी बात गले के ज़ोर पर मनवाना चाह रहा हो। अनेक स्थलों पर मानसी का संघर्ष और द्वन्द्व आरोपित और बलपूर्वक लादा गया लग रहा था। अमल-विमल-कमल और सहज हो सकते थे। यात्रिक के कलाकारों का स्तर सामान्यतः अच्छा होते हुए भी उनमें वह शक्ति नहीं थी कि वे मन को छू पाते। ओम शिवपुरी जैसे कलाकार भी नाटक की भिन्न व्याख्या के कारण विशेष प्रभाव नहीं डाल पाए–कुछेक स्थलों को छोड़कर।

मुझे विश्वास है कि यह नाटक और लोकप्रिय होगा तथा अन्य कुशल निर्देशक अन्यान्य आयामों को प्रस्तुत कर पाएँगे। कविताओं को बाद देकर इसे प्रस्तुत करने की भूल नहीं करनी चाहिए। कृति अपने-आपमें बड़ी सशक्त है। इसे पढ़ने, प्रस्तुत करने, देखने सभी में बड़े सुख एवं परितृप्ति का अनुभव होता है, जीवन के गहरे सत्य से साक्षात् होता है।

कुछ और बातें विस्तार से 1968 में अनामिका द्वारा किए गए मंचन की। सबसे निर्देशक श्यामानन्द जालान का वक्तव्य जो मुख्यतः एवम् इन्द्रजित् के कथ्य पर प्रकाश डालता है और जिसका प्रकाशन भी एवम् इन्द्रजित् के हिन्दी अनुवाद के साथ निर्देशक का वक्तव्य के रूप में 1969 में प्रकाशित हुआ था।

> *बादल सरकार के नाटकों के मंचन को देखकर मन में कहीं एक विद्रोह जागता था। लगता था ये नाटक उन्मुक्तता माँगते हैं जो कि इन्हें मिल नहीं पा रहा है। और उसी विद्रोह का फल मेरा एवम् इन्द्रजित् का प्रस्तुतीकरण था। मंचन के बन्धनों को तोड़कर हमने इस नाटक की आत्मा को लोगों के सामने रखने की कोशिश की। लोग बैठे रहे, देखते रहे, इससे लगता है कि शायद हम किसी हद तक सफल भी हुए। पहले लगता था कि आम दर्शक शायद इसे झेल न पाए। पर देखा कि बहुत से तथाकथित आमदर्शकों ने भी इसे*

पसन्द किया, समझा या नहीं–यह तो नहीं मालूम, पर उन्होंने इसे अनुभव किया ऐसा कुछ अवश्य लगा।

मैं भी नाटक को पहले केवल भाँपता हूँ, समझने की कोशिश नहीं करता। जल्दी से पढ़ता हूँ फिर आँखें बन्द कर लेट जाता हूँ। कुछ अटपटे विचार, कई एक विचित्र से खाके चेतना में उभरते हैं। और यदि उसके बाद उसे खेलने की बहुत इच्छा होती है तो उसके प्रस्तुतीकरण में जुट जाता हूँ। फिर भी बार-बार नहीं पढ़ता। साथी चुनकर सब एक साथ बैठकर पढ़ते हैं, उसे अनुभव करने की, समझने की कोशिश करते हैं। फिर उसे लेकर खेलने लगते हैं। एक दृश्य छोटा-सा किया, कुछ संवाद बोले–एकाध मुद्राएँ परखीं और पढ़ते रहे। एक खेल-सा हो जाता है हमारे लिए। और नाटक जब तक याद होता है, तब तक हमारे दिमागों में उसकी एक हल्की-गहरी आकृति तैयार हो जाती है।

नाटक समझना हम तब शुरू करते हैं जब हम उसका पूरा रिहर्सल करने लगते हैं। तब भी एक मोटे तौर पर ही समझ पाते हैं।

यह जरूरी नहीं है कि आशारहित स्वीकार के पीछे कोई एक पहचानी हुई भावना हो, मनःस्थिति (emotion) हो, मसलन–निराशा या वैराग्य। बीतता हुआ समय और उस समय की परिस्थितियाँ नई मनःस्थितियों का निर्माण करती हैं। चार सौ वर्ष पहले कोई प्रेम शब्द को उस अर्थ में नहीं लेता था जिस अर्थ में आज या यों कहिए कि आज से 40 या 50 वर्ष पहले। यौन-भावनारहित प्रेम का उस समय कोई माने ही नहीं था।

नाट्यकार बादल सरकार के इन शब्दों ने सहसा एवम् इन्द्रजित् के रहस्य को हमारे सामने खोल दिया :

जीवन के उस स्वर्ण प्रात में
दीक्षा ली थी पद-यात्रा की
सतत तीर्थयात्रा करने की।
जीवन की सन्ध्या में पहुँचा
मन मेरा यह भूल न जाए
दीक्षा के उस मूलमंत्र को–

तीर्थ नहीं, है केवल यात्रा
लक्ष्य नहीं, है केवल पथ ही
इसी तीर्थ–पथ पर है चलना
इष्ट यही, गंतव्य यही है।

ये थीं एवम् इन्द्रजित् की अन्तिम पंक्तियाँ। और बादल सरकार के उक्त मनोभाव को अभिव्यक्त करने के लिए इन शब्दों का चुनाव विशेषकर मूल तंत्र का, तब भी खटका था आज भी कहीं कष्ट देता है। पर जहाँ उन्होंने यह सब कहकर हमें दिशा दी, वहीं एक भारी प्रश्न भी सामने खड़ा कर दिया। उस मूलभाव को कैसे व्यक्त किया जाए? अपने अन्दर से कैसे अचीन्ही, बिना नाम की भावना को जगाया जाए? और अनुभव कर लेने से ही तो काम खत्म नहीं होता–अनुभव कराना भी तो उद्‌देश्य था। और यही कारण है कि हम बार-बार फिसल जाते थे–अब भी फिसल जाते हैं। कभी मानसी रो पड़ती है–कभी इन्द्रजित। कभी लेखक में ही गुरुआई जाग उठती है।

फिर सवाल रंगमंच का, दर्शकों का भी तो था! तटस्थ हो जाने से तो काम नहीं चल सकता। आधे घंटे बाद जम्हाई लेता हुआ दर्शक इधर–उधर यदि देखने लग जाए तो तटस्थ होकर संवाद या स्थितियों कैसे बोली जाएँ! इनमें रंग तो उभारने ही होंगे।

इन्हीं सब समस्याओं के बीच रास्ता ढूँढ़ता हुआ मेरा प्रस्तुतीकरण था। इस अर्थहीन जीवन की अर्थहीनता को भुलाकर और इसे पहचानते हुए भी अपने आपको धोखा देकर कोई रह कैसे सकता है भला! तो क्या करे वह? मर जाए, आत्महत्या कर ले? जैसा कि इन्द्रजित् सोचने लगा था। या इस आशा से अपने को धोखा दे कि कभी तो सूरज उगेगा। पर सोचनेवाले संवेदनशील व्यक्ति के जीवन से आशा तो आज खत्म हो चुकी है। चाँद और सूरज तो कोई पहेली नहीं रहे। न स्वर्ग रहा न नरक। जमीन के अन्दर, पाताल के नीचे तो पाताल है और उसके नीचे फिर जमीन। सिर के ऊपर हवा है और फिर शून्य और फिर ऊपर उठते–उठते घूमकर शायद फिर वही हवा और फिर वही जमीन। पत्थर को ढकेलकर पहाड़ की चोटी पर ले जाने की चेष्टा से पहले ही हम जान गए हैं कि पत्थर तो वहाँ टिकेगा नहीं,

लुढ़क ही जाएगा। और यदि कहीं टिक ही गया तो भी क्या? क्या लेकर जिए ऐसा व्यक्ति–जो कि आज का आदमी है–अणुगम की अनुपम भेंट।

तो क्या करे वह? मर जाए?

फिर? मरने से भी क्या? यदि न मरने से कुछ है न जीने से, तो जीओ ही क्यों न... शायद...

पर नहीं, शायद वह भी तो नहीं रहा, इसका खोखलापन भी हम जान गए हैं, हमें कोई आस्था नहीं है...

खोखला ही शायद सही, शायद है तो, स्वप्न तो है।

–श्यामानन्द जालान

(पुस्तक से, 1969)

कथ्य के बाद बात शिल्प की

श्यामानन्द जालान ने निर्देशक का दायित्व सम्हाला। पात्रों का चुनाव हुआ। इन्द्रजित् के लिए कल्याण चैटर्जी, अमल-कमल के लिए अमर गुप्ता, विमल लाठ और अरिंदम तथा मौसी और मानसी के लिए चेतना तिवारी चुने गए। लेखक की भूमिका उन्होंने अपने लिए रखी। नाटक का पाठ शुरू हुआ, साथ ही साथ श्यामानन्द का निर्देशकीय संयोजन। वे पहले से बहुत कम तय करते थे। नाटक के पाठ के साथ-साथ नाटक के आलेख, दृश्य संयोजन, चरित्र-चित्रण आदि पर उनका दिमाग काम करता रहता था। वे अपने को नाटककार का निर्देशक कहते थे। सबसे पहले नाटककार के वक्तव्य को गहराई से समझने का प्रयत्न करते थे। जहाँ कहीं किसी प्रकार की दुविधा होती, वे नाटककार से पत्राचार या बातचीत करते, अपनी ओर से परिवर्तन नहीं कर लेते थे। 1966 में 'लहरों के राजहंस' के मंचन के समय लेखक मोहन राकेश के साथ पत्राचार और बाद में लहरों के तृतीय अंक का पुनर्लेखन इस प्रक्रिया के परिणाम थे। बादल सरकार से एवम् इन्द्रजित् में उनकी *न आशा न निराशा, केवल नॉन होप* की स्थिति को लेकर कई दिन बातें हुईं। बादल दा के नॉन होप के सिद्धान्त की चर्चा में मैं भी शामिल थी। मेरी दृष्टि में इन्द्रजित् में निश्चित रूप से आशा का संकेत है क्योंकि उसमें तीर्थ-पथ पर आगे बढ़ते चलने की बात है। और किसी तीर्थ तक ले जानेवाले रास्ते का मंगलमय होना सुनिश्चित है। मैंने अपनी बात पूरे वज़न के साथ कही। वैसे भी बादल बाबू के नाटकों में हमें आशा के संकेत सर्वत्र मिलते हैं, मरण के वरण के नहीं तथापि इद्रजित के प्रसंग में किसी और के सुझाव पर नॉन होप के स्थान पर कुछ और के होने को स्वीकार करना बादल बाबू के लिए कैसे सम्भव हो सकता था?

नाटक में पृथ्वी की गोलाकार स्थिति और गति की चर्चा की गई है। श्यामानन्द ने उस संकेत को पकड़कर अपने पात्रों की गति को भी बीच-बीच में गोलाकार रखा। दृश्य परिकल्पना खालिद चौधरी की थी। उन्होंने प्रतीकात्मक मंच बनाया, जिसे पूरे नाटक में इस्तेमाल किया गया। उन्होंने उसमें एक ऐसा दरवाज़ा बनाया था जिससे जाकर घूमकर पात्र बाहर आ जाते थे। उस दरवाज़े के ऊपर पृथ्वी का एक बड़ा गोला बनाया था। सेट के इसी अंश में दोनों ओर ढालू फ्लैट भी दिए गए थे, जो पहाड़ की ढालू जगह जैसे लग रहे थे, जिन पर से नाटक में उल्लिखित सिसिफस के पत्थर ढकेलकर ऊपर ले जाने और फिर उसके लुढ़ककर नीचे आ जानेवाले प्रसंग का स्पष्ट संकेत मिलता था। मंच निर्माण हिन्दी हाई स्कूल (अब विद्या मन्दिर) के मंच को दृष्टि में रखकर किया गया था जिसकी ऊँचाई 18 फीट रही होगी। बाद में नाटक को कला मन्दिर के बेसमेंट में (अब कलाकुंज) करने का निर्णय किया गया। उस मंच की ऊँचाई कम थी अत: ऊपर वाले पृथ्वी के गोले को बाद दे दिया गया। एक दिन आने पर जब खालिद दा ने यह देखा तो बहुत नाराज हुए। उनका कहना था कि श्यामानन्द ने सेट का सिर ही काट दिया। ऐसा करने से पहले मुझसे चर्चा तो की होती, मैं कुछ और उपाय करता! पर जो होना था, सो तो हो चुका था, उसे लौटाने का कोई उपाय नहीं था। खालिद दा अनामिका से बहुत असन्तुष्ट हुए। एक सृजनकर्ता के लिए उसकी सृष्टि का विरूपीकरण उसके लिए कितना कष्टदायक हो सकता है, इसका अनुभव हम सबने किया। हमने उनसे क्षमा माँगी और उन्होंने भी हमें क्षमा प्रदान करके अगले वर्षों में मेरे बच्चे (1969), बल्लभपुर की रूपकथा (1969), आधे अधूरे (1970), पगला घोड़ा (1971), स्टीलफ्रेम (1971) आदि नाटकों के लिए मंच परिकल्पित किए। नाटक के कथ्य को मूर्तमान और रेखांकित करनेवाली खालिद चौधरी की मंच परिकल्पना, मंच के माप के अनुसार परिकल्पित मंच का हू-ब-हू निर्माण, सूक्ष्मातिसूक्ष्म आदेशों का निर्देशानुसार पालन उनके मंच को एक स्वतंत्र कलात्मक सृष्टि का रूप प्रदान करते थे। अनामिका उनके इस अवदान के लिए सदा ऋणी रहेगी। इन्द्रजित् में आलोक संयोजन अनिल साहा का था जिसने प्रस्तुति को प्रभावपूर्ण बनाया तो सुप्रसिद्ध गायक रवि किचलू की संगीत योजना ने प्रस्तुति के महत्त्वपूर्ण और मार्मिक अंशों को रेखांकित किया। पूरी प्रस्तुति की सफलता का श्रेय नाटककार, अनुवादक, निर्देशक,

कलाकारों, सेट-प्रकाश एवं संगीत संयोजक-सभी का प्राप्य था।

इस प्रस्तुति ने श्यामानन्द को विशेष सम्मान प्रदान किया। इसे ही केन्द्र में रखकर उन्हें 1973 में संगीत नाटक अकादमी का निर्देशक एवार्ड (सम्मान) प्राप्त हुआ।

इस प्रसंग में 1971 में किए गए एवम् इन्द्रजित् के एक विशिष्ट प्रदर्शन की चर्चा के बिना बात अधूरी रह जाएगी। श्यामानन्द और सत्यदेव दुबे मित्र थे, एक-दूसरे का बहुत सम्मान करते थे तथापि भीतर ही भीतर एक तरह की स्वस्थ प्रतिद्वन्द्विता भी उनमें रहती थी। सामने वाले को नीचा दिखाकर नहीं वरन् अपने काम को और अच्छा करके तथा अधिक चर्चा का विषय बनकर दोनों को सुख मिलता था। 1970 में दुबे ने भी इन्द्रजित् का मंचन किया। लेखक थे अमरीश पुरी, मानसी सुलभा देशपांडे और इन्द्रजित् स्वयं दुबे। इन कुशल अभिनेताओं के कारण प्रस्तुति प्रभावपूर्ण हुई तथापि दुबे कहीं श्यामानन्द की प्रस्तुति को तुलना में श्रेष्ठ मान रहे थे और उसमें अभिनय करके उसका एक हिस्सा बनने का सुख भी पाना चाहते थे। कई वर्षों बाद एक दिन उन्होंने श्यामानन्द के सामने प्रस्ताव रखा-चलो, हम लोग एक प्रयोग करें। हम एवम् का एक प्रदर्शन करें जिसमें प्रस्तुति-संयोजन तुम्हारा रहेगा, बस इन्द्रजित् मैं और मानसी यामा होगी, उसे मैं अपने ढंग से तैयार करूँगा। श्यामानन्द ने यह चुनौती स्वकार की। 1971 में दुबे कलकत्ता आए, मेरे पास ही ठहरे। सुबह 9-10 बजे उठते, चाय-वाय पीकर वे और यामा रिहर्सल करते, शाम को सबके साथ रिहर्सल होता। 28 अगस्त, 1971 को प्रस्तुति का मंचन कला मन्दिर के बेसमेंट में ही किया गया। हम सबके लिए खासकर मैं अपनी बात कहूँ तो-यह एक अद्‌भुत अनुभव था और आज चालीस वर्षों बाद भी याद है। लगता था मंच पर दो शेर खड़े हैं, एक-दूसरे को अपने श्रेष्ठ अभिनय द्वारा पछाड़ने के लिए। यामा ने भी अच्छा अभिनय किया। सब मंत्रमुग्ध देखते रहे।

बाद में दिल्ली में इसके और प्रदर्शन हुए जिनमें चेतना ने मानसी और इन्द्रजित् की भूमिका में दुबे ने अभिनय किया।

एवम् इन्द्रजित् : दर्शकों की दृष्टि में

आनन्द बाजार पत्रिका, कलकत्ता, 15.5.1969

...किन्तु आश्चर्य में डाला अनामिका के एवम् इन्द्रजित् ने। क्या अभिनय, क्या दृश्य-सज्जा, हर वस्तु को देखकर आश्चर्य और आश्चर्य। नाट्य-प्रस्तुति बांग्ला के किसी भी नाट्यदल के लिए ईर्ष्या की वस्तु थी। श्यामानन्द जालान के निर्देशन में प्रस्तुत एवम् इन्द्रजित् मुक्तकंठ से प्रशंसा के योग्य है। लेखक की भूमिका में उनका अभिनय भी हृदयग्राही था।

इन्द्रजित् की भूमिका में कल्याण चैटर्जी ने अपने जटिल चरित्र का चित्रण गहरी सूझ-बूझ के साथ किया।...

परिचय, कलकत्ता, 5 मई, 1969

कहना गलत न होगा कि बांग्ला नाट्यप्रेमियों के निकट हिन्दी थिएटर का अस्तित्व नहीं के समान रहा है। उसके दो कारण हैं। पहला, उन्हें हिन्दी थिएटर देखने का अवसर कम मिला करता था। कभी कोई बाहर का दल आकर शहर में नाटक खेलता तो वह शिल्प के स्तर पर बंगाल के दर्शकों को कम ही आकर्षित करता था। इसके अपवाद न रहते रहे हों, सो नहीं। पृथ्वी थिएटर्स या उसके समकक्ष किसी अन्य दल की प्रस्तुति ने बराबर कलकत्ता के दर्शकों को सचकित किया है तथापि उनका कोई स्थायी प्रभाव नहीं पड़ा। दूसरा कारण, बंगाली लोग हिन्दी दर्शकों से अपने को श्रेष्ठ मानते हैं। यह केवल नाटक तक सीमित हो, सो नहीं, अन्यान्य क्षेत्रों में भी यह उन्नासिकता दिखलाई पड़ती है। इधर स्थिति में कुछ परिवर्तन आया है। इस कथन की पुष्टि इस तथ्य से होती है कि इस बार बांग्ला नाट मंच प्रतिष्ठा समिति के

नाट्योत्सव में हिन्दी थिएटर महत्त्वपूर्ण स्थान प्राप्त करने में सफल रहा।

पिछले वर्षों में अपनी श्रेष्ठ हिन्दी नाट्य-प्रस्तुतियों के कारण अनामिका नाट्य-दल ने ख्याति अर्जित की है। मूलतः हिन्दी दर्शकों के लिए खेले जाने के बावजूद आजकल बंगाली दर्शकों के बीच भी अनामिका का नाम बराबर सुना जाने लगा है। इनका एवम् इन्द्रजित् देखकर बिना किसी द्विधा के कहा जा सकता है कि अनामिका नाट्यदल बांग्ला थिएटर के प्रथम श्रेणी के किसी भी दल के बराबर का स्थान पाने का अधिकारी है। आधुनिक थिएटर का सम्यक् ज्ञान, प्रयोजनीय निष्ठा और एकाग्रता ने इन्हें योग्य स्थान पर आसीन किया है।...

बम्बई

राजस्थानी महिला मंडल, बम्बई द्वारा प्रायोजित बिड़ला मातुश्री सभागार में कलकत्ता के नाट्यदल अनामिका के कलाकारों द्वारा प्रस्तुत एवम् इन्द्रजित् की प्रस्तुति बहुत ही प्रभावपूर्ण थी।

नाटककार बादल सरकार द्वारा मूल बांग्ला में लिखित नाटक का हिन्दी में अनुवाद किया है प्रतिभा अग्रवाल ने, जिन्हें साहित्यिक भाषा के ऊपर अच्छा अधिकार है। उनके द्वारा प्रयुक्त शब्द कथ्य की अर्थवत्ता को एक ऐसे ऊँचे धरातल पर पहुँचा देते हैं कि श्रोता संवाद के ध्वन्यात्मक सौन्दर्य को बखूबी अनुभव करता है।...

कवि-नाटककार के चरित्र के रूपायन में श्यामानन्द ने श्रेष्ठ प्रतिमान स्थापित किया। भाषा में प्रयुक्त शब्दों के उतार-चढ़ाव और बलाघात आदि का अच्छा ज्ञान होने के कारण उनके संवाद अद्‌भुत प्रभाव छोड़ते हैं। कुछेक स्थलों पर आई नाटकीयता को बाद दे दिया जाए तो उनके वाचिक अभिनय की दाद देनी पड़गी, लम्बे-लम्बे एकालाप भी दर्शकों को बाँधे रखने में समर्थ थे।

कल्याण चैटर्जी ने इन्द्रजित् के जटिल चरित्र की बारीकियों को बड़ी सूझ-बूझ के साथ रूपायित किया।

टाइम्स, बम्बई, 12.5.65

थिएटर ग्रुप, बम्बई द्वारा प्रस्तुत एवम् इन्द्रजित् नाटक, 1960 के दशक में

बादल सरकार द्वारा लिखे नाटकों का पुनर्मूल्यांकन करने का प्रयत्न है। इस सन्दर्भ में एवम् इन्द्रजित् का उल्लेख उचित है। 1962 में लिखे इस नाटक को किसी बुद्धिमान समीक्षक ने पुराना पड़ गया (डेटेड) नाटक की संज्ञा दी है। सच पूछिए तो वस्तुस्थिति इससे एकदम उलटी है। वस्तुतः एवम् इन्द्रजित् नाटक ऐसे यौवन से परिपूरित है जो केवल क्लासिक्स (गौरव ग्रन्थों) में पाया जाता है और जो कभी पुराना नहीं पड़ता।...

एवम् इन्द्रजित् में बादल सरकार ने कलकत्ता के रोज़ पैसेंजरी करनेवालों और धनाढ्य लोगों के वैषम्य को रेखांकित किया है। गिरीश कर्नाड द्वारा अंग्रेजी में अनूदित थिएटर ग्रुप के आलेख ने नाटककार के कथ्य और भाषा के सौन्दर्य को बड़ी कुशलतापूर्वक प्रस्तुत किया है।...

बादल सरकार के एवम् इन्द्रजित् को हम निःसंकोच वर्तमान शताब्दी के महत्त्वपूर्ण नाटकों में से एक कह सकते हैं। इसके बाद एक बड़ा खालीपन दिखलाई पड़ता है। स्वयं बादल सरकार ने बाद में वैसे नाटकों की रचना नहीं की जो शिल्प के स्तर पर उनके पहले के नाटकों के समान हों।

–रिंकी भट्टाचार्य

टाइम्स ऑफ इंडिया, 1.7.85

नाट्य दल प्रयोग के लिए खेले गए अपने पिछले नाटक में निर्देशक एम.के. रैना ने बादल सरकार के उस पुराने और अनेक बार खेले गए नाटक एवम् इन्द्रजित् को आंगिक अभिनय, गतियों, लय और विशिष्ट शैली के माध्यम से प्रस्तुत किया। वे आपको साँस लेने, सोचने या कुछ अनुभव करने का समय तक नहीं देते। यह प्रस्तुति ऐसी थी मानो आपकी भावनाओं पर स्टीमरोलर चलाया जा रहा हो। फलस्वरूप नाटक के कथ्य का तात्पर्य गति और शिल्प के घटाटोप में कहीं खो जा रहा था।...प्रयोजना का मन्तव्य और स्पष्ट होने की आवश्यकता है। इस तरह की प्रस्तुति के लिए और बड़ी जगह की भी आवश्यकता होती है, श्रीराम कला केन्द्र का तलकक्ष पर्याप्त नहीं था।

स्टेट्समैन, 2.10.95

बादल सरकार के नाटक एवम् इन्द्रजित् को अंग्रेजी में प्रस्तुत करने के लिए विशेष साहस की जरूरत है क्योंकि अब तक मूल बांग्ला और उसके हिन्दी

अनुवाद की अनेक प्रस्तुतियाँ हो चुकी हैं। 1971 में इलाहाबाद में कैम्पस थिएटर के नाम से स्थापित छात्रों का नाट्य दल पर्याप्त सफलता से काम कर रहा है। दिल्ली में कोपरनिकस मार्ग स्थित लिटिल थिएटर ग्रुप के हाल में प्रस्तुत नाटक में, निर्देशक महमूद फ़ारूकी ने बड़ी कुशलता के साथ गिरीश कर्नाड द्वारा अंग्रेजी में अनूदित आलेख की नाटकीयता को बरकरार रखा। अन्तर के आलोड़न और इन्द्रजित् के वैश्विक रूप के साथ समकालीन विचारधारा का मेल बैठाना कठिन काम है जिसे निर्देशक ने पर्याप्त कुशलता के साथ निबाहा।

नाटक एवम् इन्द्रजित् जटिल प्रश्नों का एक अद्भुत पिटारा है जो जीवन के उद्देश्य, जीवन और मृत्यु आदि से सम्बन्धित अनेक प्रश्न उठाता है और जब पात्र दानव जैसे हो उठते हैं और प्रोटैगनिस्ट एक मूलविहीन सनकी। समस्याओं का समाधान नहीं सुझाया गया है, उलटे उत्तर पाने के प्रयत्न में और भी नए-नए प्रश्न उपस्थित हो गए हैं।

अभिनेताओं ने नाटक के कथ्य को खासकर वे बातें जो ऊपर उभरकर नहीं आई हैं, उन्हें समझकर उनको निष्ठापूर्वक निभाने का प्रयत्न किया। अश्विन कुमार और आमीर बशीर की लेखक और इन्द्रजित् की भूमिकाओं ने विशेष ध्यान आकृष्ट किया।

एल.टी.जी. के हाल की खराब एकूस्टिक के कारण दर्शकों को कोई असुविधा नहीं हुई क्योंकि हाल की पहली पंक्ति भी मुश्किल से भरी थी।

स्टेट्समैन, 20.11.89

सरकार का नाटक भाषा की सीमा से परे

करीब दो महीने पहले संगीत नाटक अकादमी द्वारा आयोजित नेहरू शताब्दी समारोह में अपने नाटक एवम् इन्द्रजित् को हिन्दी में प्रस्तुत करने पर बादल सरकार ने आपत्ति की थी मानो भाषा नाटक की कलात्मक गुणवत्ता को उन्नत करती है। यह धारणा कितनी भ्रामक हो सकती है इसका प्रमाण दिल्ली में की गई नाटक की तमिल प्रस्तुति पिरकोरा इन्द्रजित् से सहज ही प्राप्त हो जाता है। यद्यपि यह समीक्षक तमिल भाषा का एक अक्षर भी नहीं समझता था तथापि नाटक में निहित नाटकीय सन्देश और कथानक की संश्लिष्टता को ग्रहण करने में कोई असुविधा नहीं हुई।...

एकाधिक निर्देशकों ने बादल सरकार के स्ट्रीट नाटक को रास्ते से उठाकर मंच पर पहुँचाया। ऐसी स्थिति में मंच की साज–सज्जा ने कोई विशेष प्रभावित नहीं किया। लाभ हुआ तो यह कि व्यवस्था और आम आदमी के जीवन का विरोधाभास और मुखर होकर सामने आया।

हिन्दुस्तान, 20.5.2008

युवा–मन की कशमकश एवम् इन्द्रजित् में

बिहार आर्ट थिएटर के 43वें स्थापना दिवस पर आयोजित चार दिवसीय नाट्य महोत्सव शनिवार को एवम् इन्द्रजित् के मंचन के साथ सम्पन्न हो गया। बादल सरकार के मूल बांग्ला नाटक के हिन्दी रूपान्तरण को अजित भाई थिएटरवाला ने निर्देशित किया था। प्रस्तुति थी बिहार स्कूल ऑफ ड्रैमेटिक्स की। साठ के दशक में लिखा गया और देश भर में मंचित यह नाटक आज भी उतना ही प्रासंगिक है जितना रचना के वक्त था। युवा–मन का बारीक विश्लेषण नाटककार ने किया है। युवाओं की छटपटाहट, भटकाव, द्वन्द्व और कशमकश का ऐसा मनोविश्लेषण नाटक में है कि प्रस्तुति तैयार अभिनेताओं की माँग करती है क्योंकि कथानक का जटिल प्रवाह पूरे नाटक में है। इसे खोले बगैर नाटक का सफल मंचन सम्भव नहीं है।...

सनडे स्टैंडर्ड, नई दिल्ली, 8.1.1970

एक संवेदनशील नाटक

पिछले शनिवार की शाम को आइफ़ैक्स हाल, कलकत्ता के अनामिका नाट्य दल का नाटक एवम् इन्द्रजित् देखने आए दर्शकों से खचाखच भरा था।

श्यामानन्द जालान ने एवम् इन्द्रजित् को जिस तरह प्रस्तुत किया है वह न केवल जीते रहने की व्यर्थता को चित्रित करता है वरन् व्यक्ति की निराशा और बासीपन को भी उजागर करता है।

मंच-निर्देश

चूँकि पूरा नाटक एक विशेष शैली में लिखा गया है और इसका पर्याप्त अंश मूक-अभिनय एवं प्रतीकात्मक शैली में ही प्रस्तुत किया जा सकता है, अत: चाहें तो पूरे नाटक को ही बिना किसी उपकरण के प्रस्तुत किया जा सकता है। केवल मात्र बैठने के लिए कुछ सीटें या स्थान देना अनिवार्य होगा। यदि इसके अधिकांश को यथार्थवादी शैली में प्रस्तुत करना चाहें तो निम्न सामग्री की आवश्यकता होगी–

प्रथम अंक–लिखने की मेज-कुर्सी। उस पर कुछ किताबें, कुछ फाइलें, थोड़े काग़ज़, कई एक कॉपियाँ, कलमदान, कलम, घड़ी आदि। रद्दी की टोकरी। अमल-विमल-कमल और इन्द्रजित् के हाथ में आवश्यकतानुसार कॉपी-किताब। कॉलेज का घंटा। मूँगफली। कुछ फुटकर पैसे। मानसी के हाथ में एक नई किताब। यदि साक्षात्कार के लिए बैठे ज्ञानी-गुणियों के लिए टेबुल-कुर्सी देनी हो तो उसका पूरा सामान। चपरासी को बुलानेवाली छोटी घंटी। दो पैकेट सिगरेट, दो दियासलाई।

द्वितीय अंक–ऑफिस का दृश्य। बड़े साहब के लिए टेबुल-कुर्सी। टेबुल पर टेलीफोन, अन्यान्य सामान। पहले अंक के अन्त वाला टेबुल ही काम दे सकता है। क्लर्कों के लिए चार टेबुल-कुर्सी। उन पर रखने का सामान–फ़ाइल, रजिस्टर, काग़ज़, पैड, कलमदान, पानी का गिलास, टाइपराइटर आदि। झाड़न। शॉर्टहैंड लेने के लिए छोटा पैड व पेंसिल। अखबार। कार की चाभी का गुच्छा।

तृतीय अंक–एक जोड़ी ताश। विदेशी हवाई-पत्र। बार्ली का डब्बा।

पात्र-परिचय

मौसी : शाश्वत माँ–आयु 50 वर्ष

लेखक : आयु 35 वर्ष

मानसी : शाश्वत नारी–पत्नी, प्रेयसी या प्रेरणा; आयु 25–30 के आसपास।

अमल :
विमल :
कमल :
इन्द्रजित् : } आयु प्रारम्भ में 20 वर्ष, अन्त में 35 वर्ष। विभिन्न भूमिकाओं में भिन्न-भिन्न आयु एवं वेशभूषा में सामान्य परिवर्तन अपेक्षित होगा।

प्रथम अंक

(टेबुल पर ढेर-सा काग़ज़ फैला है-सामने कुर्सी पर दर्शकों की ओर पीठ किए लेखक बैठा लिख रहा है। शायद बहुत देर से लिख रहा है। मौसी का प्रवेश। वैसे नाम देने के लिए मौसी कह दिया गया है-माँ भी हो सकती है, बूआ, चाची, बड़ी दीदी इनमें से भी कोई हो सकती है। मौसी हैरान आ गई हैं, बेटे का हिसाब-किताब कुछ समझ में ही नहीं आता। वैसे न समझ में आना ही मौसी लोगों का धर्म है।)

मौसी : यह तेरा क्या ढंग है, मेरी तो समझ में ही नहीं आता।

(लेखक निरुत्तर)

मैं पूछती हूँ खाना खाएगा या नहीं? हद हो गई, मुझसे अब और नहीं होता।

(लेखक निरुत्तर)

बोलता क्यों नहीं?

लेखक : अभी आता हूँ।

मौसी : यह तो तू तीन बार कह चुका है। मैं अब और पुकारने नहीं आऊँगी, हाँ।

लेखक : मौसी, तुम भी तो यह बात तीन बार कह चुकी हो!

मौसी : जो मर्जी आए सो कर। रात-दिन लिखना, लिखना, लिखना। न खाना न पीना, खाली लिखे जाना। भगवान जाने इतना लिख-लिखकर क्या होगा!

(मौसी बड़बड़ाते हुए चली जाती हैं। लिखना कुछ देर पहले बन्द हो चुका है। लेखक उसे पढ़ता है, पढ़ते-

पढ़ते उठकर आगे आता है। एक लड़की का प्रवेश। इसे मानसी नाम दिया जा सकता है।)

मानसी : पूरा हो गया?

लेखक : ना।

मानसी : क्या लिखा, मुझे नहीं सुनाओगे?

लेखक : कुछ नहीं लिखा।

(काग़ज़ फाड़कर फेंक देता है)

मानसी : अरे, फाड़ डाला?

लेखक : कुछ भी तो नहीं बना। मेरे पास लिखने के लिए कुछ भी नहीं है।

मानसी : कुछ नहीं है?

लेखक : क्या लिखूँ? किसे लेकर लिखूँ? कितने आदमियों को मैं पहचानता हूँ, कितने लोगों की बातें मुझे पता हैं?

मानसी : *(दर्शकों को दिखलाकर)* क्यों, इतने सारे लोग तो हैं। इनमें से किसी को नहीं पहचानते? किसी की बातें तुम्हें नहीं मालूम?

लेखक : ये लोग? हाँ? इनमें से शायद दो–चार को पहचानता होऊँ, अपने ही जैसे दो–चार लोगों को। पर उन्हें लेकर नाटक नहीं लिखा जा सकता।

मानसी : चेष्टा करके देखो न!

लेखक : बहुत चेष्टा कर चुका हूँ।

(काग़ज़ के टुकड़े फेंककर लेखक वापस टेबुल के पास जाता है। कुछ देर रुककर मानसी लौट जाती है। अचानक घूमकर लेखक सामने की ओर बढ़ जाता है। प्रेक्षागृह में ठीक उसी समय देर से आए चार सज्जन अपनी सीट खोज रहे हैं। लेखक उन्हें पुकारता है।)

लेखक : ज़रा सुनिए तो!

(दर्शकगण पहली बार पुकारने से समझ नहीं पाए कि उन्हें ही पुकारा गया है।)

लेखक : अरे ओ साहब, सुनिए न!

प्र. दर्शक : हमें कुछ कह रहे हैं?

लेखक : जी हाँ, ज़रा दया करके इधर आइएगा?

द्वि. दर्शक : स्टेज पर?

तृ. दर्शक : स्टेज पर?

लेखक : हाँ, आपसे एक ज़रूरी काम है। कुछ ख़याल न कीजिएगा।

(चारों स्टेज के पास आते हैं)

प्र. दर्शक : ऊपर किधर से आऊँ?

लेखक : यह...यह रही सीढ़ी, चले आइए।

(चारों मंच पर पहुँच जाते हैं)

लेखक : आपका नाम जान सकता हूँ?

प्र. दर्शक : अमल कुमार बोस।

लेखक : आपका?

द्वि. दर्शक : विमल कुमार घोष।

(लेखक तृतीय दर्शक की ओर देखता है)

तृ. दर्शक : कमल कुमार सेन।

लेखक : और आप?

च. दर्शक : निर्मल कुमार...

लेखक : *(अचानक चीखकर)* नहीं।

(स्तब्धता। चारों आश्चर्यचकित-से रह जाते हैं। एकदम स्थिर)

लेखक : अमल, विमल, कमल और निर्मल–यह नहीं हो सकता। आपका अवश्य ही कोई दूसरा नाम है। होना ही होगा। ठीक-ठीक बताइए, क्या नाम है आपका?

(मंच पर अन्धकार हो जाता है। अमल, विमल और कमल पीछे हटकर खड़े हो जाते हैं। मंच के बीच में चतुर्थ दर्शक रह जाता है। अन्धकार में लेखक का कंठस्वर सुनाई पड़ता है।)

क्या नाम है आपका?

च. दर्शक : इन्द्रजित् राय।

लेखक : तब निर्मल क्यों बताया था?

इन्द्र : डर के मारे।

लेखक : डर? किस बात का?

इन्द्र : अशान्ति का। नियम के विपरीत कुछ करने से ही अशान्ति पैदा हो जाती है न!

लेखक : आप क्या हमेशा ही निर्मल नाम बतलाते आए हैं?

इन्द्र : नहीं, आज ही, अभी ही पहली बार बतलाया है।

लेखक : क्यों?

इन्द्र : अब उम्र हुई न। उम्र होने पर आनन्द से डर लगता है, सुख से भी डर लगता है। इस उम्र में शान्ति की इच्छा होती है।

(इन्द्रजित् को अब घने मेघ के अन्तराल की आवश्यकता है)

लेखक : आपकी उम्र क्या होगी?

इन्द्र : एक सौ वर्ष। दो सौ वर्ष। पता नहीं। मैट्रिकुलेशन के सर्टिफिकेट के अनुसार पैंतीस वर्ष।

लेखक : जन्म-स्थान?

इन्द्र : कलकत्ता।

लेखक : शिक्षा-दीक्षा?

इन्द्र : कलकत्ता।

लेखक : कर्म-स्थान?

इन्द्र : कलकत्ता।

लेखक : विवाह?

इन्द्र : कलकत्ता।

लेखक : मृत्यु?

इन्द्र : अभी होनी बाकी है।...

(कुछ देर शान्ति रहती है, फिर अन्धकार में इन्द्र का स्वर उभरता है)

इन्द्र : ना...ठीक से तो नहीं मालूम।

(धीरे-धीरे मंच पर प्रकाश होता है पर पूरे पर नहीं। इन्द्रजित् और उसके पीछे लाइन से मूर्ति की तरह अमल, विमल और कमल खड़े हैं। उनकी शून्य-दृष्टि

प्रेक्षागृह की पीछे की दीवार पर स्थिर है। लेखक दर्शकों की ओर मुड़ता है। एक बार सबकी ओर देखता है, फिर थके हुए अध्यापक की तरह एक स्वर में बोलना शुरू करता है।)

लेखक : 1961 की मर्दुमशुमारी के अनुसार कलकत्ता की जनसंख्या है–2,92,12,891। इनमें से प्राय: ढाई प्रतिशत लोग ग्रेजुएट या और उच्च शिक्षित हैं। विभिन्न नामों से ये परिचित हैं। ये सभी मध्यवित्त हैं, यद्यपि इनके मध्य वित्त में पर्याप्त अन्तर है। ये सब बुद्धिजीवी हैं, यद्यपि बुद्धि ही जीविका का साधन होती तो इनमें से अधिकांश भूखों मर गए होते। ये शिक्षित हैं–यदि डिग्री को शिक्षा माना जाए तो ये सब उच्च श्रेणी के हैं क्योंकि छोटे लोगों से अपना अलगाव ये अच्छी तरह समझते हैं। ये हैं अमल, विमल, कमल...

(तीनों मंच छोड़कर चले जाते हैं मानो मुक्ति मिली हो)

एवम् इन्द्रजित्

(इन्द्रजित् एक बार लेखक की ओर देखता है, फिर अमल आदि के पीछे-पीछे चला जाता है। उसकी दृष्टि में पीड़ा और चाल में क्लान्ति है)

सम्भव है इनके जीवन में नाटक हो। छोटे-छोटे नाटक, ढेर सारे नाटक। यह भी सम्भव है कि आगामी युग में कोई शक्तिशाली नाटककार इन नाटकों की रचना करे।

(मौसी का प्रवेश)

मौसी : तू अब भी खाने आएगा या नहीं?

लेखक : नहीं।

(मौसी का प्रस्थान। मानसी का प्रवेश)

मानसी : लिखा?

लेखक : नहीं।

(मानसी का प्रस्थान)

लेखक : मैंने कई नाटक लिखे हैं। मैं और बहुत-से नाटक लिखना

चाहता हूँ। पर...मैं दुखी–पीड़ित जनसाधारण की कहानी नहीं जानता। खेतों में काम करनेवाले किसानों को भी मैं नहीं पहचानता। साँप खेलानेवाले सँपेरे, सन्थाल मुखिया, मछुए–इनमें से किसी से भी तो मेरा परिचय नहीं है। अपने चारों ओर मैं जिन्हें देखता हूँ उनमें न रूप है, न रंग, न वस्तु। ये सब अनाटकीय हैं। ये तो अमल, विमल, कमल और इन्द्रजित् हैं।

(मंच पर एकदम अन्धकार हो जाता है)

मैं अमल, विमल, कमल और इन्द्रजित् हूँ।

(अन्धकार में समवेत स्वर फुसफुसाहट के रूप में उभरता है)

कंठस्वर : अमल, विमल, कमल एवम् इन्द्रजित्
अमल, विमल, कमल एवम् इन्द्रजित्

विमल : कमल एवम् इन्द्रजित्
एवम् इन्द्रजित्
एवम् इन्द्रजित्
इन्द्रजित्
इन्द्रजित्
इन्द्रजित्

(तेज़ वाद्ययंत्र में कंठस्वर डूब जाता है। तेज़ रोशनी हो जाती है–रोशनी जिसमें कोई भी छाया सौन्दर्य की सृष्टि न कर रही हो। मंच खाली है। वाद्ययंत्र जैसे अचानक शुरू हुआ था वैसे ही अचानक बन्द हो जाता है। कॉलेज का घंटा बजता है। इन्द्रजित् का प्रवेश। उसके 35 वर्ष के चेहरे पर कोई मेकअप नहीं है किन्तु चाल–ढाल से वह कम उम्र का लगता है। पीछे–पीछे अमल का प्रवेश। उसमें अध्यापक का–सा गाम्भीर्य है। अब से अमल, विमल और कमल कुछ–कुछ कठपुतली–से चलते हैं। भूमिका के अनुरूप भावभंगिमा और कंठस्वर है। फिर भी यांत्रिकता सी

है–हास्यकार है फिर भी करुणा उत्पन्न करती है)

अमल : रोल नम्बर थर्टी फोर।

इन्द्र : यस सर।

अमल : Everybody continues in it's state of rest or of uniform motion in a straight line unless it is compelled by an external impressed force to change that state.

(घंटा बजता है। अमल का प्रस्थान। इन्द्र खड़ा रहता है। विमल का प्रवेश)

विमल : रोल नम्बर थर्टी फोर।

इन्द्र : यस सर।

विमल : Poetry in a general sense, may be defined to be the expression of the imagination.

(घंटा बजता है। विमल का प्रस्थान। कमल का प्रवेश)

कमल : रोल नम्बर थर्टी फोर।

इन्द्र : यस सर।

कमल : निबन्ध–साहित्य के मूल उपादान हैं, तर्क, भाव–भाषा और विचारों की परिच्छन्नता, चिन्तन की शृंखला और तत्त्व तथा तथ्य का उपयुक्त समावेश।

(घंटा। कमल का प्रस्थान)

इन्द्र : तत्त्व एवं तथ्य का उपयुक्त समावेश। तत्त्व एवं तथ्य का उपयुक्त समावेश। Expression of the imagination. Expression of the imagination. State of rest or of uniform motion. State of rest or of uniform motion. State of rest or of uniform motion.

(हल्ला करते हुए अमल, विमल एवं कमल का प्रवेश। तीनों इन्द्र को घेरकर खड़े जाते हैं। तीनों इस समय तरुण हैं)

कमल : खिलाड़ी ही नहीं है? दो रन में आउट हो जाने से क्या खिलाड़ी ही नहीं रहा?

विमल : पर इसका मतलब यह तो नहीं कि ऐसा खेल खेलेगा। फिर दूसरे टेस्ट में भी क्या करके निहाल किया था?

कमल : देखो भाई क्रिकेट है–Game of glorious un-certainity–क्यों इन्द्र?

इन्द्र : हाँ, बिलकुल।

अमल : यानी, कुशलता कोई चीज़ ही नहीं है? वाह, तुम्हारे कहने से ही।

इन्द्र : कुछ नहीं है, यह किसने कहा?

विमल : जो भी कहो, फुटबाल कहीं अधिक एक्साइटिंग है।

इन्द्र : हाँ, सो ठीक है।

कमल : एक्साइटिंग तो टेक्सास मार्का फ़िल्म भी तो होती है। तब फिर अच्छी फ़िल्में क्यों देखते हो?

विमल : अमल, तुमने यूल बर्नर की कोई फ़िल्म देखी है?

अमल : सबकी–सब देखी है। भाई, कमाल का काम करता है। चाहे जितना मार्लेन ब्रैंडो की तारीफ करो, यूल बर्नर के सामने वह कुछ भी नहीं है। इन्द्र, तुमने देखी है?

इन्द्र : हाँ, दो देखी हैं।

कमल : धत्तेरे की...मुड़मुंडा।

अमल : जी हाँ, मुड़मुंडा। अरे, खोपड़ी ऐसी खोपड़ी है इसलिए मुड़ाकर रखने की हिम्मत करता है।

विमल : पर भाई, खोपड़ी ऐसी खोपड़ी है कहने से तो कुछ और ही अर्थ निकलता है।

कमल : माने जैसे, आइंस्टाइन जैसी खोपड़ी।

इन्द्र : आइंस्टाइन की थ्योरी पर एक किताब देख रहा था। कुछ भी पल्ले नहीं पड़ा।

अमल : आइंस्टाइन ने कहा है कि डायमेंशन तीन नहीं चार होते हैं।

विमल : चौथा डायमेंशन टाइम बतलाया है न?

कमल : क्या पता बाबा : कॉलेज की फ़िज़िक्स ही नहीं पार पड़ रही है–ऊपर से फोर्थ डायमेंशन। अमल, तुम्हारी प्रैक्टिकल बुक सब तैयार हो गई?

अमल : भैया की कॉपी पड़ी है–नकल मार दूँगा। कब सबमिट करनी है?

विमल : तेरह तारीख के भीतर-भीतर। मैंने अभी शुरू ही नहीं की है। इन्द्र, तुम्हारी गाड़ी कहाँ तक पहुँची?

इन्द्र : कल शुरू की है। एक बड़ी अच्छी किताब हाथ लग गई थी सो कोर्स की किताब दो दिनों से छू ही नहीं पाया।

कमल : कौन-सी किताब?

इन्द्र : बर्नार्ड शॉ के कम्प्लीट प्लेज़।

अमल : बर्नार्ड शॉ? वाह! क्या चाबुक मारता है! तुमने मैन एंड सुपर मैन पढ़ा है?

विमल : मैंने केवल प्लेज़ प्लेज़ेंट पढ़ा है।

कमल : हम लोगों के प्रमथ बीसी ने भी कुछ इसी ढंग पर लिखना शुरू किया था।

अमल : अरे हटाओ, कहाँ कौन, कहाँ कौन! कहाँ जी. बी. एस. और कहाँ प्र. ना. बी.!

विमल : प्रमथ बीसी पॉलिटिक्स ढुका देते हैं।

कमल : तो इसमें क्या बुराई है? साहित्य मे पॉलिटिक्स तो रहेगी ही, उसका रहना जरूरी है।

अमल : बिलकुल नहीं। साहित्य सत्यं, शिवं, सुन्दरम् का प्रतीक है। पॉलिटिक्स जैसी गन्दी चीज से साहित्य का कोई सम्बन्ध नहीं हो सकता।

विमल : देखो भाई, गन्दी चीज शब्द पर मुझे आपत्ति है। गन्दगी भी यदि सत्य हो तो उसे बाद देकर साहित्य रचना करना एस्केपिज़िम है। साहित्य होगा–जीवन की प्रतिच्छवि, रियलिस्टिक। इन्द्र, तुम्हारा क्या ख़याल है?

इन्द्र : मुझे कुछ ठीक से समझ नहीं आता। यह तो मानता हूँ कि साहित्य रियलिस्टिक होना चाहिए पर वह जीवन का नग्न चित्र होगा, यह भी...

कमल : *(अचानक)* अरे, कितना बज गया, जानते हो? साढ़े सात।

अमल : माइ गॉड! प्रैक्टिकल बुक तैयार करनी है। चलो, चलो।

विमल : हम लोगों का रास्ता तो उलटी ओर है।

कमल : चलो अमल।

(अमल और कमल का प्रस्थान)

विमल : इन्द्र, घर नहीं जाओगे?

इन्द्र : मुझे...मुझे कुछ और काम करते हुए घर जाना है।

विमल : किधर जाना है?

इन्द्र : इधर।

विमल : उधर जाना था तो उन लोगों के साथ क्यों नहीं गए?

इन्द्र : उस समय याद नहीं आया।

विमल : धत्तेरे की! अब अकेले-अकेले जाना होगा।

(विमल का दूसरी ओर प्रस्थाान। अब तक एक समान तबले का एक बोल बज रहा था। अब ज़रा द्रुत हो गया। लेखक का प्रवेश)

लेखक : अरे इन्द्र, तुम अभी तक बैठे हो?

इन्द्र : हाँ।

लेखक : क्या सोच रहे हो?

इन्द्र : कुछ नहीं।

लेखक : वे लोग आज नहीं आए?

इन्द्र : आए थे।

लेखक : कौन-कौन?

इन्द्र : अमल, विमल और कमल।

लेखक : क्या किया तुम लोगों ने?

इन्द्र : गप्पेड्ड मारीं।

लेखक : क्या गप्पें मारीं?

इन्द्र : इधर-उधर की, बहुत तरह की।

लेखक : क्रिकेट, सिनेमा, फ़िज़िक्स, राजनीति, साहित्य?

इन्द्र : ऐं?...हाँ, क्रिकेट, सिनेमा, फ़िज़िक्स, राजनीति, साहित्य। पर तुम्हें कैसे पता चला?

(लेखक उत्तर नहीं देता। जेब से मूँगफली निकालकर देता है)

लेखक : लो, खाओ।

इन्द्र : क्या किया जाए, बोलो तो?

लेखक : किसका क्या किया जाए?

इन्द्र : पढ़ाई-लिखाई और अच्छी नहीं लगती।

लेखक : तो फिर क्या करना चाहते हो?

इन्द्र : सो मालूम नहीं। कभी-कभी मन करता है सब छोड़-छाड़कर भाग जाऊँ।

लेखक : कहाँ?

इन्द्र : पता नहीं कहाँ। कहीं बहुत दूर। वहाँ क्या होगा, यह भी पता नहीं-जंगल, मरुभूमि, बरफ का ढेर; कुछ पक्षी-पेंगुइन, आस्ट्रिच; कुछ जानवर-कंगारू, जगुवार; कुछ मनुष्य-बेदुइन, एस्किमो, माउरी।

लेखक : सीधी-सी बात-सरल भूगोल परिचय-डी.पी.आई. द्वारा छठी श्रेणी के लिए निर्धारित।

इन्द्र : भूगोल से बाहर भी एक दुनिया है-वह दुनिया यहाँ नहीं है-कहीं और है-कहीं बहुत दूर-कहीं बाहर।

लेखक : क्रिकेट, सिनेमा, फ़िज़िक्स, राजनीति, साहित्य-इन सबसे बाहर?

इन्द्र : हाँ, इन सबसे बाहर।

लेखक : तो चलो।

इन्द्र : कहाँ?

लेखक : तुम्हीं ने कहा न कि सब छोड़-छाड़कर भाग जाना चाहते हो?

इन्द्र : अभी ही?

लेखक : नहीं तो फिर कब?

इन्द्र : छोड़ो, फालतू की बातें मत करो-तुमसे कहकर ही भूल की।

लेखक : तुम्हारे पॉकेट में कितने पैसे हैं?

इन्द्र : आठ आने होंगे। क्यों?

लेखक : मेरी पॉकेट में सवा रुपया है। एक रुपए बारह आने में हावड़ा स्टेशन से जितनी दूर जा सकते हैं, चले जाएँगे, उसके बाद पदयात्रा।

इन्द्र : यह जानता कि तुम इस तरह मज़ाक उड़ाओगे तो तुमसे इन बातों की चर्चा ही नहीं करता।

लेखक : मैं एकदम सीरियस हूँ।

(इन्द्र लेखक के मुख की ओर देखता है। वह सचमुच सीरियस है। इन्द्र दुविधा में पड़ जाता है)

इन्द्र : पर माँ?

लेखक : हाँ, सो तो है। माँ।

इन्द्र : इसके अलावा परीक्षा एकदम सर पर है।

लेखक : ठीक। परीक्षा के बाद बात करेंगे। लो, थोड़ी-सी और बची हैं। (बाकी मूँगफली देकर बाहर निकल जाता है। इन्द्रजित् शून्य-दृष्टि से देखता खड़ा रहता है। नेपथ्य से मौसी का स्वर सुनाई पड़ता है-'इन्द्र'!)

इन्द्र : आया माँ।

(किन्तु हिलता नहीं। मौसी का प्रवेश)

मौसी : क्यों रे, खाएगा नहीं? मैं कब तक चौका लिये बैठी रहूँ?

इन्द्र : अच्छा माँ...

मौसी : क्या?

इन्द्र : अच्छा...मैं यदि...माने मुझे यदि कहीं चला जाना पड़े...।

मौसी : तेरी तो सारी बातें ऐसी ही अटपटी होती हैं। चल, खाना खा ले, रसोई पड़ी-पड़ी ठंडी हुई जा रही है।

(मौसी का प्रस्थान। नेपथ्य से पहले धीरे फिर तेज स्वर में समवेत संगीत उभरता है। जिधर मौसी गई थीं, उधर ही इन्द्र का प्रस्थान)

गाना : एक दो तीन
एक दो तीन दो एक तीन (दो बार)
चार पाँच छः
चार पाँच छः पाँच चार छः (दो बार)
सात आठ नौ
सात आठ नौ आठ सात आठ नौ (दो बार)
नौ आठ सात छः पाँच चार तीन दो एक।

(गाने के बीच में लेखक का प्रवेश। गाने की अन्तिम पंक्ति के स्वर के साथ स्वर मिलाकर गाते हुए लेखक सामने पाद-प्रदीप के पास आकर एक ओर खड़ा हो जाता है।)

लेखक : *(गाना रुकते ही)* अनाटकीय-एकदम अनाटकीय। इन लोगों को लेकर नाटक नहीं लिखा जा सकता-कभी नहीं। ऐ अमल, विमल, कमल...

(हो-हल्ला करते हुए तीनों आकर लेखक को घेर लेते हैं)

अमल : अरे कवि! क्या हालचाल है?

लेखक : अच्छा।

विमल : नया क्या लिखा, सो बतलाओ।

लेखक : कुछ खास नहीं।

कमल : अरे, छिपाते क्यों हो ब्रदर? डरते हो कि हम लोग नकल कर लेंगे? चिन्ता मत करो, हम लोग वह भी न कर सकेंगे, लिखने में वर्तनी की भूल कर बैठेंगे।

(तीनों ज़ोर से हँस पड़ते हैं)

लेखक : केवल एक छोटी-सी कविता लिखी है।

अमल : देखो, निकली न। सुनाओ, सुनाओ।

विमल : काव्य-काकली शुरू करो हे कवि-शिरोमणि।

कमल : यदि हम लोगों की समझ में आ जाए तो फाड़ डालना और न आए तो किसी मासिक पत्रिका को भेज देना।

(तीनों का अट्टहास)

लेखक : सुनोगे?

अमल :
विमल : } *(एक साथ)* हाँ-हाँ, जरूर।
कमल :

लेखक : *(कविता-पाठ करते हुए)*

एक दो तीन
एक दो तीन दो एक तीन

चार पाँच छः
चार पाँच छ पाँच चार पाँच छः
सात आठ नौ
सात आठ नौ आठ सात आठ नौ।

अमल : आगे?

लेखक : नौ आठ सात छः पाँच चार तीन दो एक।

विमल : बोले जाओ–बोले जाओ।

लेखक : और तो नहीं है।

कमल : बस इतना ही?

लेखक : हाँ, बस, इतना ही।

(ज़रा देर चुप रहने के बाद तीनों का अट्टहास)

अमल : वाह, बहुत अच्छी कविता है!

विमल : अरे भाई, मँजा हुआ हाथ है कवि का!

लेखक : समझ में आई?

कमल : गणित के क्लास में सुनाने से समझता। कविता है न, कैसे समझ आएगी?

(तीनों का अट्टहास)

लेखक : एक नाटक लिखने का इरादा कर रहा हूँ।

अमल : अचानक कविता छोड़कर नाटक?

लेखक : अचानक नहीं, मैं काफी दिनों से सोच रहा हूँ।

विमल : लिख डालो, लिख डालो। बीशु दा को पकड़ करके यदि री-यूनियन में लगवा दो तो...

कमल : बीशु दा बड़े खुचड़हे है। सनत चौधरी–फोर्थ ईयर का–पहचानते हो न? उसने काफी अच्छा नाटक लिखा था–पर बीशु दा को पसन्द ही नहीं आया। बोले–ड्रैमेटिक क्लाइमेक्स ठीक से नहीं उभार पाए हो।

अमल : क्या नाटक लिखोगे? सामाजिक?

लेखक : सामाजिक माने?

विमल : सामाजिक नहीं जानते? तब फिर क्या लिखोगे?

कमल : सामाजिक माने–आज के युग का–माने हम लोगों के

समय का–

लेखक : हाँ, हम लोगों को लेकर ही लिखूँगा।

अमल : प्लॉट क्या सोचा है?

लेखक : प्लॉट नहीं है।

विमल : ओहो, अच्छा थीम बतलाओ न।

लेखक : थीम?...माने यही हम लोग।

कमल : अच्छा, हम लोग से मतलब?

लेखक : मतलब...माने तुम लोग, इन्द्रजित्, मैं...

अमल : हम लोगों को लेकर नाटक लिखोगे? तब हो चुका तुम्हारा नाटक लिखना।

विमल : हम लोगों के जीवन में नाटक है क्या?

कमल : अरे नाटककारजी, हम लोगों को लेकर लिखा नाटक तो स्त्री-चरित्र-वर्जित हो जाएगा।

(तीनों का अट्टहास)

अमल : झूठ क्यों बोलते हो कमल? पास के मकान वाली तुम्हारी नायिका?

विमल : हाँ, मैं तो भूल ही गया था। कहाँ तक बात बढ़ी, कमल?

कमल : अरे, मेरा तो खिड़की–काव्य दूर से ही रचा जा रहा है। अमल कितना बड़ा छिपा रुस्तम है, यह खबर है तुम लोगों को? पिछली पूजा में क्या हुआ था, पूछो इससे।

विमल : क्यों अमल? यह खबर तो हम लोगों के कानों तक पहुँची ही नहीं!

अमल : अरे छोड़ो...वह सब...

कमल : बोलो न राजा बेटा...ऐसे क्यों करते हो...

(तीनों खिसककर एक ओर होकर धीरे–धीरे बातें करते हैं। लेखक सुनता है, मगर थोड़ी दूर से। मानसी एक ओर से प्रवेश करती है और दूसरी ओर चली जाती है। तीनों गरदन घुमाकर उसे देखते हैं। फिर तीनों सिर–में–सिर जुटाकर न जाने क्या कहते हैं। बात पूरी होने पर हँसी। मानसी का पुन: प्रवेश–इस बार दूसरी

लड़की की भूमिका में है–हाथ का बैग, चलना–फिरना सब भिन्न है। फिर वही मूक अभिनय और तनिक और मजा लेते हुए ज़ोर की हँसी। इसके बाद एक और सीधी–सादी लड़की के रूप में मानसी का प्रवेश। इस बार इन्द्रजित् साथ है। सब चुप रहते हैं। दृष्टि में कौतूहल और ईर्ष्या का भाव उभरता है। मानसी और इन्द्रजित् बातें करते हुए चले जाते हैं)

अमल : देखा?

विमल : तभी मैं कहूँ कि इन्द्र कई दिनों से बदला–बदला क्यों लगता है!

कमल : Sinking Sinking Drinking water. ए कवि, देखा?

लेखक : देखा।

अमल : क्या समझे?

लेखक : कि नाटक स्त्री–चरित्र–वर्जित नहीं होगा।

विमल : इन्द्र को हीरो बना डालो और हम लोगों को मरे सैनिक।

कमल : हिरोइन कौन थी, बता सकते हो?

अमल : क्या पता भाई! इन्द्र तो हमें कुछ बताता नहीं।

विमल : हाँ, बड़ा चुप्पा लड़का है।

कमल : चुप्पा नहीं घमंडी है। अपने को ऊँचे स्तर का समझता है। मैं ऐसे लोगों की नस–नस पहचानता हूँ।

अमल : कवि, तुम पहचानते हो?

लेखक : किसे?

विमल : क्या हुआ, मूड आ गया क्या? अरे, अपने नाटक की हिरोइन को?

लेखक : उसका नाम मानसी है।

कमल : यह लो। कवि को मालूम है न। इन्द्र ने परिचय करवा दिया लगता है।

लेखक : ना।

अमल : हमें धप्पा दे रहे हो, कवि?

लेखक : विश्वास करो, मैंने उसे पहली बार देखा है।

विमल : अच्छा छोड़ो, इन्द्र ने तुम्हें क्या-क्या बतलाया नहीं है, सो बोलो।

लेखक : उसने कुछ नहीं बतलाया है।

कमल : हाँ न। पहली बार देखा है, इन्द्र ने कुछ बतलाया नहीं है, बस नाम मानसी है।

लेखक : उसका नाम मुझे नहीं पता। मेरे मन में आया कि उसका नाम मानसी है, सो कह दिया।

अमल : बा...बा...। यह कवि कब कविता करता है और कब स्वस्थ रहता है, भगवान जाने!

लेखक : अच्छा, नाटक का नाम क्या रखा जाए?

विमल : सबसे पहले नाम ही?

कमल : नाम पहले ही तो रहता है। तुम्हीं बोलो न, तुममें तो नामकरण करने का अच्छा नैक है।

लेखक : मैं सोचता हूँ अमल–विमल–कमल–इन्द्रजित् और मानसी नाम दे दूँ।

अमल : ओह, जिल्द पर अँटेगा ही नहीं।

विमल : हम लोगों को इसमें क्यों घसीटते हो? हम लोग तो मरे सैनिक हैं।

कमल : और क्या? इससे तो अच्छा है–इन्द्रजित् और मानसी–उठो भाई, जाना नहीं है?

अमल : कहाँ?

विमल : कमल, चाय पिलाओगे?

कमल : पिलाऊँगा। चलो।

(तीनों का प्रस्थान)

लेखक : इन्द्रजित् और मानसी। इन्द्रजित् और मानसी। *(दर्शकों को सम्बोधित करते हुए भाषण देने की मुद्रा में)* आप लोग जानते ही हैं कि इन्द्रजित् और मानसी को लेकर नाना देशों में, नाना युगों में अनेक नाटक लिखे गए हैं–पौराणिक, ऐतिहासिक, सामाजिक, सुखान्त, दुखान्त। न जाने कितने नामों में, कितने रूपों

में समाज के विभिन्न स्तरों में इन्द्रजित् और मानसी आए हैं, उन्होंने एक-दूसरे को प्यार किया है! न जाने कितने सुख-दुख, मिलन-विरह, ईर्ष्या-अभिमान और कितने ही जटिल मानसिक घात-प्रतिघातों के बीच इनका नाटक विकसित हुआ है! इन्द्रजित् और मानसी का प्रेम-एक चिरन्तन नाटकीय उपादान। इन्द्रजित्।

(इन्द्रजित् का प्रवेश)

इन्द्र : क्या हुआ? चीख क्यों रहे हो?

(लेखक की नाटकीय वक्तृता और अतिनाटकीय पुकार के बाद इन्द्र का स्वर जैसे बड़ा बेसुरा-सा लगा। लेखक फिर भी नाटकीयता बनाए रखने की चेष्टा में है।)

लेखक : बोलो इन्द्रजित्!

इन्द्र : क्या बोलूँ?

लेखक : अपनी कहानी। जो कहानी चिर-पुरातन है फिर भी चिरनवीन, जो महाभारत के युग से आरम्भ करके...

इन्द्र : कविता छोड़कर सीधी-सरल भाषा में अपनी बात कहोगे? तुम क्या जानना चाहते हो?

(लेखक का आवेग तब तक काफी दूर तक शान्त हो चुका है)

लेखक : तुम्हारी और मानसी की कहानी।

इन्द्र : मानसी? मानसी कौन?

लेखक : जिसके साथ तुम्हें उस दिन रास्ते में जाते देखा था।

इन्द्र : ओ! देखा था?...पर उसका नाम तो मानसी नहीं है? उसका नाम है...

लेखक : उसके नाम की जरूरत नहीं है। मैंने उसका नाम मानसी रखा है।

इन्द्र : तुम्हारे नाम रखने का क्या मतलब है? उसके माँ-बाप ने उसका नाम...

लेखक : माँ-बाप कुछ भी नाम रखा करें, उससे क्या बनता-बिगड़ता

है? तुम बतलाओ न!

इन्द्र : क्या बतलाऊँ?

लेखक : अपनी और उसकी बातें। वह तुम्हारी कौन है?

इन्द्र : बहन है।

लेखक : *(जरा रुककर)* बहन?

इन्द्र : हाँ, मौसेरी बहन।

लेखक : मौसेरी बहन? क्यों?

इन्द्र : क्यों माने? उसकी माँ मेरी मौसी हैं, इसलिए।

लेखक : नहीं, नहीं...पर वह तुम्हारे साथ क्यों?

इन्द्र : घर आई थी, उसे पहुँचाने जा रहा था। ऐसे तो बराबर ही जाता हूँ।

लेखक : ओ...तो फिर...तो उसका नाम मानसी नहीं है?

इन्द्र : कह तो चुका हूँ कि नहीं।

लेखक : मुझे ऐसा लगा था कि तुम दोनों आपस में बातें कर रहे थे।

इन्द्र : बातें तो कर ही रहा था।

लेखक : खूब घनिष्ठता से बातें कर रहे थे।

इन्द्र : *(हँसकर)* तुम्हें ऐसा लगा था? सो, हो सकता है करता रहा होऊँ। उससे बातें करना मुझे बड़ा अच्छा लगता है। अक्सर सीधे रास्ते से उसे घर न पहुँचाकर।

लेखक : अच्छा, उससे बातें करना अच्छा लगता है? क्यों?

इन्द्र : अब, इस क्यों का मैं कैसे उत्तर दूँ! सारे दिन जैसी बातें होती रहती हैं उनसे भिन्न तरह की बातें होती हैं–शायद इसीलिए।

लेखक : क्रिकेट, राजनीति, साहित्य इनकी बातें नहीं?

इन्द्र : ना, क्रिकेट, राजनीति, साहित्य नहीं। कम-से-कम हर समय तो नहीं।

लेखक : तो फिर क्या बातें होती हैं?

इन्द्र : बहुत-सी बातें होती हैं। मैं अपनी बातें करता हूँ–अपने परिचितों की बातें, अपने दोस्तों की बातें। वह...वह भी अपने घर की बातें, अपनी सहेलियों की बातें, कॉलेज की बातें करती है।

लेखक : और?

इन्द्र : और क्या? तुम्हारे साथ क्या बातें होती हैं?

लेखक : क्रिकेट, सिनेमा, राजनीति...

इन्द्र : ना...हर समय तो नहीं। और बहुत-सी बातें भी होती हैं। तुम्हारे लेखन की बातें, लोगों की बातें, भविष्य की बातें-तरह-तरह की इच्छा-अनिच्छा की बातें।

लेखक : हाँ, वही पेंगुइन-कंगारू, एस्किमो की बातें?

इन्द्र : हाँ, क्यों नहीं? क्या मैं वे बातें सबसे कर सकता हूँ?

लेखक : मानसी से कर सकते हो?

इन्द्र : उसका नाम...

लेखक : मुझे पता है कि उसका नाम मानसी नहीं है। पर मैं यदि उसे मानसी ही कहूँ तो तुम्हें कोई आपत्ति है?

इन्द्र : *(हँसकर)* नहीं, क़ोई आपत्ति नहीं है। वरन् यह नाम अच्छा ही लगता है। उसके असली नाम में इतना काव्य नहीं है।

लेखक : तब बतलाओ।

इन्द्र : तुम क्या जानना चाहते हो?

लेखक : मुझे जो कुछ बतला सकते हो, वह उसे भी बतला सकते हो?

इन्द्र : सकता हूँ नहीं, बतला चुका हूँ। उससे और भी बहुत-कुछ कहता हूँ जो तुमसे नहीं कह सकता।

लेखक : मुझसे नहीं कह सकते?

इन्द्र : कह ही नहीं सकता, यह तो नहीं, पर कभी कहा नहीं यह सच है। कोई खास बात बतलाने लायक है, सो नहीं। इधर-उधर की बातें। कितने ही विचार-प्रश्न। कुछ अच्छा लगने की बातें, कुछ खराब लगने की बातें। बहुत-सी बहुत ही साधारण छोटी-मोटी घटनाओं की बातें।

लेखक : मानसी तुम्हारी मित्र है?

इन्द्र : मित्र? हाँ, मित्र कह सकते हो। उसके साथ बातें करना मुझे अच्छा लगता है। बहुत बार बातें करके जी हलका हो जाता है। यह जो सारा दिन चलता रहता है...हर रोज वही का वही *(सहसा लेखक की ओर मुड़कर)* अच्छा, तुम्हें कभी

नहीं लगता...?

लेखक : क्या?

इन्द्र : कि यह जो कुछ चल रहा है, इसका कोई अर्थ नहीं है? एक विराट चक्का बस घूम रहा है और घूम रहा है। और हम लोग भी उसके साथ-साथ चक्कर काटे जा रहे हैं।

लेखक : एक दो-तीन। एक दो तीन दो एक तीन।

इन्द्र : क्या कहा?

(किन्तु तब तक एक-दो-तीन संगीत शुरू हो चुका है। अमल का प्रोफेसर के रूप में प्रवेश)

अमल : रोल नम्बर थर्टी फोर।

इन्द्र : यस सर।

अमल : What is the specific gravity of iron?

इन्द्र : Eleven point seven, Sir.

(घंटी। अमल का प्रस्थान। विमल का प्रवेश)

विमल : रोल नम्बर थर्टी फोर।

इन्द्र : यस सर।

विमल : Who was Mazzini?

इन्द्र : One of the founders of modern Italy.

(घंटी। विमल का प्रस्थान। तुरन्त कमल का प्रवेश)

कमल : रोल नम्बर थर्टी फोर।

इन्द्र : यस सर।

कमल : भारतीय वैराग्य भाव ने प्राचीन भारत के साहित्य को किस रूप में प्रभावित किया था?

इन्द्र : प्राचीन साहित्य में जो प्रक्षिप्तांश की अधिकता मिलती है, उसका मूल कारण भारतीय अनासक्ति ही प्रतीत होती है। वर्णन, तत्त्वावलोचन और अवान्तर कथाएँ कहानी के स्वच्छन्द प्रवाह को निरन्तर बाधित करती चलती हैं।

(कमल इस बीच चला गया है। वाद्ययंत्र में इन्द्र का स्वर डूब जाता है। हो-हल्ला करते हुए अमल का प्रवेश। अब वह तरुण है)

अमल : इन्द्र, मेरी प्राक्सी दे देना, मैं सिनेमा जा रहा हूँ।

इन्द्र : अच्छा।

(अमल का प्रस्थान। विमल का प्रवेश)

विमल : इस शनिवार को अपने केमिस्ट्री के नोट्स दे सकोगे, इन्द्र?

इन्द्र : हाँ, ले लेना।

(विमल का प्रस्थान। अमल का प्रवेश)

कमल : तुम्हारे पास एक रुपया है, इन्द्र? सोमवार को लौटा दूँगा।

इन्द्र : आज तो नहीं है, कल ला दूँगा भाई।

(कमल का प्रस्थान। मौसी का प्रवेश)

मौसी : थाली परोसूँ?

इन्द्र : ज़रा देर बाद माँ!

मौसी : अब और कौन-सी बेला होगी, इन्द्र! खा-पीकर छुट्टी करो, बाबा।

(मौसी का प्रस्थान। वाद्य-संगीत पुनः तीव्र होता है-फिर नौ आठ सात छः पाँच चार तीन दो एक पर आकर शेष होता है।)

इन्द्र : हम सब चक्कर काट रहे हैं, और चक्कर काटे जा रहे हैं।

मौसी : *(नेपथ्य से)* इन्द्र!

इन्द्र : आया माँ।

(इन्द्र का प्रस्थान। मौसी का प्रवेश)

मौसी : तुम खाना खाओगे या नहीं?

लेखक : नहीं।

(मौसी का प्रस्थान। मानसी का प्रवेश)

मानसी : लिखना हुआ, कवि?

लेखक : नहीं।

(मानसी का प्रस्थान)

लेखक : एक दो तीन। अमल-विमल-कमल। एवम् इन्द्रजित्। एवं मानसी। घर से स्कूल--स्कूल से कॉलेज--कॉलेज से दुनिया। सब बड़े हो रहे हैं और घूम रहे हैं। घूम रहे हैं और घूमे जा रहे हैं। एक दो तीन दो एक। अमल-विमल-

कमल। एवम् इन्द्रजित्।

(अमल-विमल-कमल और इन्द्रजित् आकर परीक्षा देने बैठे हैं। स्टूल और टेबुल। प्रश्नपत्र और कॉपी। लेखक अध्यापक के रूप में घूम-घूमकर निगरानी कर रहा है। घंटा बजता है।)

लेखक : Time-up. Stop writing please.

(वे जल्दी-जल्दी लिखे ही जा रहे हैं। लेखक एक-एक करके सबकी कॉपियाँ छीनता-सा है। वे लोग बिना आवाज के परीक्षा की चर्चा करते हुए चले जाते हैं-संशय-भय, हताशा का भाव)

लेखक : स्कूल से कॉलेज-कॉलेज और परीक्षा-परीक्षा और पास। फिर दुनिया।

(अमल, विमल, कमल और इन्द्रजित् का प्रवेश। लेखक पीछे टेबुल-कुर्सी ठीक करता है)

अमल : पास होने के बाद क्या करोगे?

विमल : पहले पास तो होऊँ-फिर आगे की सोचूँगा।

कमल : पास होऊँ चाहे फेल, मुझे नौकरी ढूँढ़नी ही है। बाबूजी इस साल रिटायर कर रहे हैं।

अमल : ढूँढ़ने से ही नौकरी मिल जाएगी क्या? रोज़ ही अखबार देखता हूँ, कुछ भी तो काम लायक नहीं दिखता।

विमल : तुम्हें क्या चिन्ता है? मुझे तो तीन-तीन बहनों की शादी करनी है।

कमल : अब तक मजे में रहा। जैसे-जैसे रिजल्ट निकलने का दिन पास आता जा रहा है, वैसे-वैसे मेरे गले से रोटी नहीं उतरती।

लेखक : अमल कुमार बोस।

(अमल खुशी से चीत्कार कर उठता है। सब उसकी पीठ थपथपाकर बधाई देते हैं।)

विमल कुमार घोष।

(फिर वही पुनरावृत्ति)

कमल कुमार सेन। इन्द्रजित् राय।

(प्रत्येक बार पारस्परिक बधाई। मौसी का प्रवेश। सब उनके पैर छूते हैं। मौसी आशीर्वाद देकर चली जाती है। वे चारों भी हो-हल्ला करते हुए चले जाते हैं)

लेखक : इस बार दुनिया। इन कुर्सियों पर बड़े-बड़े ज्ञानी-गुणी लोग बैठते हैं-परीक्षा लेते हैं-देखते हैं कि कौन सा व्यक्ति कितने काम का है। और दरवाजे से बाहर उस लम्बी बेंच पर बैठते हैं-अमल, विमल, कमल। एवम् इन्द्रजित्।

(अमल, विमल और कमल घुसकर बेंच की ओर बढ़ते हैं।)

अभी नहीं, अभी नहीं। एक मिनट, एक मिनट और।

(तीनों लौट जाते हैं)

भूल गया था। इसके पहले थोड़ा-सा और है। वे कुर्सियाँ वहाँ नहीं हैं। बेंच की बात भी भूल जाइए। यहाँ पर हरी-हरी घास है-ये सब पेड़ हैं। और उधर उस पेड़ की घनी चोटी पर सिन्दूरी रेखा खिंची है। जो सूर्य रोज़ उगता है, वही आज भी उगा था, इस समय अस्त हो रहा है। उधर...उस ओर, उन डालों के बीच एक गहरी सिन्दूरी रेखा।

(इसी बीच इन्द्रजित् और मानसी भीतर आए हैं। वे घने पेड़ के नीचे बैठ गए हैं। मानसी के हाथ में एक किताब है। लेखक सिन्दूरी रंग को देखते-देखते चला जाता है)

मानसी : तुमने मुझे यह किताब क्यों दी? उलटे मुझे तुम्हें देनी चाहिए थी।

इन्द्र : क्यों?

मानसी : वा...रे, तुम पास हुए हो सो मैं ही तो दूँगी!

इन्द्र : कहीं लिखा है क्या कि मेरे पास होने पर तुम्हें उपहार देना होगा, मेरे देने से नहीं चलेगा?

मानसी : लिखा कहाँ होगा। ऐसा ही नियम है।

इन्द्र : खूब नियम मानती हो न?

मानसी : *(हँसकर)* तुम मानने कहाँ देते हो?

इन्द्र : मानना अच्छा लगता है?

मानसी : लड़कियों को मानना ही पड़ता है।

इन्द्र : लड़कियों को–यह बात बहुत बार तुम्हारे मुँह से सुन चुका हूँ। लड़कियों को नियम मानना होता है। पुरुषों के न मानने से चल सकता है पर स्त्रियों को मानना ही होता है।

मानसी : मैंने क्या कुछ झूठ कहा?

इन्द्र : पता नहीं। मैं भी मानता हूँ, बहुतेरे नियम मानता हूँ। पढ़ाई–लिखाई करनी चाहिए–की। परीक्षा देनी चाहिए–दी। नौकरी करनी चाहिए–करूँगा। यह सब नियम–पालन ही तो है। हाँ, यह ठीक है कि नियम न होने पर भी नौकरी तो जरूर करता।

मानसी : क्यों?

इन्द्र : कई कारण हैं। पहला यह कि अपने पैरों पर खड़ा हो सकूँगा। घर के रुपए से पढ़ना–लिखना मुझे कैसा लगता है, यह मैं तुम्हें बतला ही चुका हूँ।

मानसी : और क्या कारण है?

इन्द्र : बहुत से हैं। अच्छा, तुम एक बात बतलाओ तो!

मानसी : क्या?

इन्द्र : सभी तो मानता हूँ। पर क्या नियम मानना होगा, यह बात भी माननी होगी?

मानसी : न मानकर क्या करोगे?

इन्द्र : नियम से घृणा करूँगा। कम–से–कम इतना तो बचना ही चाहिए।

मानसी : इससे लाभ?

इन्द्र : जिस डोरी से मैं चारों ओर जकड़ा हुआ हूँ, उसकी पूजा करने से भी क्या लाभ?

मानसी : पूजा करने को कौन कहता है?

इन्द्र : यदि यह कहा जाए कि डोरी ही नियम है और उसे मानना उचित है, तो फिर पूजा करने में और बाकी क्या रहा?

मानसी : अच्छा, तुम क्या करना चाहते हो, सो तो बताओ।

इन्द्र : पता नहीं। इस बन्धन को टुकड़े-टुकड़े कर डालना चाहता हूँ। चारों ओर से यह जो ऊँची दीवार जकड़े हुए है, उसे चूर-चूर कर डालना चाहता हूँ।

मानसी : अच्छा, तुम्हारी इतनी नाराजगी किस पर है?

इन्द्र : दुनिया पर, चारों ओर के लोगों पर। तुम लोग जिसे समाज कहती हो न, उस पर और उसकी व्यवस्था पर। मैंने तुमसे लीला की चर्चा की थी न, याद है?

मानसी : जिसके पति को टी.बी. हो गई थी?

इन्द्र : हाँ। काफी दिन हुए उसके पति की मृत्यु हो गई। उसके ससुरालवालों ने उसे घर से निकाल दिया।

मानसी : क्यों?

इन्द्र : कुछ दिनों तक रखा था। प्रॉविडेंट फंड और इंश्योरेंस का कुछ थोड़ा-सा रुपया पाना था। बस, तब तक रखा, फिर थोड़ा-बहुत जो गहना वगैरह था, सब छीन-छानकर उसे घर से निकाल दिया।

मानसी : फिर?

इन्द्र : दूर के रिश्ते के किसी जीजाजी के यहाँ गई थी। उनकी एक छोटी-सी दुकान है। सुना है कि बहुत से चोरी के काम में उनकी दुकान और वे लगे रहते हैं।

मानसी : उस लड़की का क्या होगा?

इन्द्र : क्या होगा नहीं, जो होना था सो हो चुका। कल ही खबर मिली, पर है तीन महीने पुरानी। बतला सकती हो यह कैसा नियम है?

(मानसी निरुत्तर)

जिस स्टॉपेज से मैं बस पकड़ता हूँ, वहीं एक दिन एक सात-आठ साल के लड़के ने मुझे पकड़ा, जूता पॉलिश करेगा। उसकी गोद में कोई साल-भर का एक लड़का था, पॉलिश में सने एक चिथड़े से खेल रहा था।

(मानसी चुप है)

मैंने पॉलिश नहीं करवाई, एक पैसा भी नहीं दिया बल्कि

डाँटकर उसे दूर हटा दिया। यदि और तंग करता तो शायद मार भी बैठता।

मानसी : *(इन्द्र का हाथ पकड़ते हुए)* पर क्यों?

इन्द्र : पता नहीं। मैं नहीं जानता कि किसे मारना चाहिए। उसे नहीं मारना चाहिए, यह समझता हूँ, फिर भी शायद उसे मार बैठता। वहाँ नियम का पालन शायद मुझसे न होता। जिस नियम के अनुसार सात साल के बच्चे को पॉलिश करनी पड़े और साथ ही गोद के भाई की देखरेख करनी पड़े, उस नियम को मैं नहीं मान सकता।

मानसी : किन्तु यह तो अलग बात है।

इन्द्र : अलग कैसे है? इसी नियम का एक दूसरा रूप तुम्हारे घर में चलता है। वहाँ के सारे नियम तुम मानती हो और बोलती हो कि मानना होता है।

मानसी : *(मुलायम स्वर में)* तुम क्या मुझे डाँटोगे ही?

इन्द्र : *(ज़रा देर चुप रहकर)* मैं तुम्हें डाँट नहीं रहा हूँ, यह तुम जानती हो।

(मानसी चुप रहती है)

नहीं जानतीं?

मानसी : जानती हूँ।

इन्द्र : फिर इस तरह क्यों बातें करती हो?

मानसी : तुम्हें ऐसे देखकर मुझे न जाने क्यों डर लगता है!

इन्द्र : कैसे देखकर?

मानसी : यही गुस्सा करते हुए। नियम के ऊपर गुस्सा करते हुए।

इन्द्र : *(ज़रा-सा हँसकर)* इस गुस्से का कोई मूल्य नहीं है। यह गुस्सा अन्धा है, अक्षम है। यह तो दीवार से माथा फोड़ने जैसा है।

मानसी : तब फिर खुद ही क्यों अपने को इस तरह क्षत-विक्षत करते हो?

इन्द्र : तुमने बाइबिल पढ़ी है?

मानसी : बाइबिल?

इन्द्र : ज्ञान–वृक्ष के फल की कहानी जानती हो? जिस फल को खाकर एडम और ईव स्वर्गच्युत हुए थे!

मानसी : जानती हूँ।

इन्द्र : मैं भी यदि ज्ञान–वृक्ष का फल न खाता तो तुम्हारे नियमों वाले इस समाज के स्वर्ग में सुख से रहता! अब तो दीवार से सर फोड़ने के सिवा और कोई उपाय ही नहीं है।

(कुछ देर दोनों चुप रहते हैं)

मानसी : कभी–कभी सोचती हूँ तुम न होते तो मेरा क्या होता!

इन्द्र : क्यों?

मानसी : तुम शायद सुनकर गुस्सा करोगे। मैं बहुत–कुछ मान लेती हूँ क्योंकि तुम हो। तुम न होते तो शायद मैं भी गुस्सा करती।

इन्द्र : इसका मतलब तो यह हुआ कि मैं तुम्हारा नुकसान कर रहा हूँ!

मानसी : ऐसे क्यों कहते हो? फिर कभी मत कहना। *(इन्द्र चुप रहता है)* मैं तुम्हें कैसे समझाऊँ? तुम नहीं जानते कि तुम मेरे लिए क्या हो? तुम हो इसलिए मुझमें जैसे एक शक्ति रहती है, जिसके सहारे मैं जी पाती हूँ। वह शक्ति न होती तो मैं न जाने कब की डूब गई होती। *(इन्द्र सुन रहा है)* पर मेरा ज़ोर गुस्सा करके नहीं मिलता। मैं गुस्सा नहीं करना चाहती। मुझे जीवन अच्छा लगता है, बहुत–कुछ मानती हूँ क्योंकि मानना ही होता है; फिर भी मुझे क्षोभ नहीं होता। तुम हो इस कारण जीवन को बड़े सहज भाव से *(हठात् रुककर)*...मैं तुम्हें ठीक–ठीक समझा नहीं पाऊँगी।

इन्द्र : बोलती जाओ, रुक क्यों गई?

मानसी : नहीं, मैं सब बातें ठीक से नहीं बता पाऊँगी। कोई दूसरी बात करो।

इन्द्र : दूसरी ही बातें तो हो रही थीं।

मानसी : यह किताब यदि मेरी समझ में न आई तो समझा दोगे न? *(इन्द्र मानसी की ओर देखता रह जाता है)* क्या हुआ, जवाब नहीं दिया?

इन्द्र : मुझे जिस दिन नौकरी मिलेगी, उसके दूसरे दिन तुमसे विवाह करूँगा।

मानसी : ना।

इन्द्र : तुम देखना।

मानसी : तुम भूल गए कि मैं तुम्हारी मौसेरी बहन हूँ?

इन्द्र : भूल कैसे सकता हूँ! जितनी बार विवाह की चर्चा की है, हर बार तुमने इस बात की याद दिलाई है सो कभी भूल सकता हूँ?

मानसी : और हर बार तुमने कहा है–मैं इसे नहीं मानता।

इन्द्र : सच ही तो कहा है! क्यों मानूँ? मैं कुछ नहीं मानूँगा।

मानसी : मुझे भी नहीं?

इन्द्र : तुम्हें मानता हूँ पर तुम्हारे नियमों को नहीं।

मानसी : मुझे तुम बहुत दिनों बरदाश्त नहीं कर पाओगे।

इन्द्र : यह एक और बकवास तुम लगाए रहती हो।

मानसी : मैं बिलकुल ठीक कहती हूँ। मैं एक बहुत साधारण लड़की हूँ।

इन्द्र : और मैं एकदम असाधारण।

मानसी : क्या मालूम? पर सचमुच, तुम थोड़े असाधारण तो हो!

इन्द्र : सुनकर ख़ुशी हुई।

मानसी : ई...बिलकुल असाधारण नहीं हो।

इन्द्र : चलो, तब तो झमेला ही खत्म हुआ।

मानसी : क्या खत्म हुआ?

इन्द्र : एक साधारण लड़का एक साधारण लड़की से ब्याह करेगा, इसमें तो कोई झमेला नहीं होगा।

मानसी : कुछ खत्म नहीं हुआ है। चलो, घर चलो।

इन्द्र : नहीं, मैं नहीं जाऊँगा।

मानसी : देर नहीं हो रही है?

इन्द्र : हुआ करे।

मानसी : हाँ न। तुम्हारे कारण मैं हर समय घर में डाँट सुना करूँगी न?

इन्द्र : कैसा घर?...घर जहन्नुम में जाए।

मानसी : लो, फिर शुरू हुआ। चलो...उठो।

इन्द्र : *(उठकर)* चलो।

मानसी : ऊ...बड़ा गुस्सा दिखा रहे हो...मानो मैं इससे डर जाऊँगी न!

इन्द्र : चलो, देर हो रही है। घर में डाँट पड़ेगी।

मानसी : नहीं जाऊँगी।

इन्द्र : ठीक है, तो फिर मैं बैठा।

मानसी : *(उठते हुए)* ऐं...नहीं...नहीं...। चलो।

(इन्द्र मानसी के कन्धे पर हाथ रख देता है। मानसी हाथ हटा देती है।)

क्या कर रहे हो? देखते नहीं, यह पार्क है।

इन्द्र : पार्क है तो क्या हुआ?

मानसी : *(धीरे से)* उधर देखो न, इस पेड़ के नीचे एक आदमी बैठा है।

(उनके खड़े होने के बाद लेखक अँधेरे में एक ओर आकर बैठ गया था।)

इन्द्र : तो उससे क्या हुआ?

मानसी : वह देखेगा तो?

इन्द्र : देखे न, खूब अच्छी तरह देखे।

(फिर से मानसी के कन्धे पर हाथ रखता है। मानसी हाथ हटाकर आगे बढ़ जाती है। हँसते-हँसते इन्द्र भी उसके पीछे-पीछे चला जाता है। लेखक सामने की ओर आ जाता है।)

लेखक : इन्द्रजित् और मानसी। घूमते-घूमते वे बहुत दूर निकल आए हैं। बहुत दूर? चले आए हैं? या घूम रहे हैं...केवल घूम रहे हैं? वे विवाह कर सकते हैं। फिर...वही चक्कर। एक दो तीन चार तीन दो एक। यह एक सवाल है। आवर्तन का सवाल। पूरे सवाल का उत्तर शून्य है इसीलिए कोई पूरी संख्या नहीं लेता। छोटी करके लेता है। उत्तर होता है जीवन। हर एक व्यक्ति का अलग-अलग तरह का जीवन।

ये पथरीले नयन विगत के
रहें चतुर्दिक् पड़े, घूरते
बँधा छन्द में
यह अनादि का खेल
रहे चलता अनन्त तक।
बँधा प्रकाश–अन्धकार के आवर्तन में
रक्तिम ध्वनि वह समय–काल की रहे गूँजती।
दिवा–रात्रि के खंड–खंड भी
एक सूत्र में हों अनुबंधित।
खो जाएँ अनजान दिशा में
भूत–भविष्य खोजते अपना ठौर–ठिकाना
मैं क्यों सोचूँ–वर्तमान तो मैं हूँ।
क्या मिलना है–सूक्ष्म हिसाब लगा, संख्या गिन
उन प्रश्नों को हल करने की चेष्टा करके
हल जिनका है असम्भाव्य?
क्या करना है सपनों के वायवी तन्तु से
आगत के आँचल को बुनकर?
रात्रि–दिवस के मधुर छन्द का
ताल कभी भी नहीं कटेगा।
फिर क्यों करते व्यर्थ सोच
जंजाल जमा क्यों करते मन के देवालय में?
बाँध सको तो बाँधो अपने हृत्–स्पन्दन को
समय–ताल के साथ–
नहीं कुछ भी हो तब परवाह।

(अमल–विमल–कमल का प्रवेश)

लेखक : रुको, अभी नहीं, अभी भी समय नहीं हुआ है।

(तीनों का प्रस्थान)

बस एक मुहूर्त। इस मुहूर्त के आवर्तन को अस्वीकार करो–अर्थात् पूरे सवाल को अस्वीकार करो। एक मुहूर्त–बस वर्तमान का एक मुहूर्त। यही तो जीवन है।

फिर भी भोला मन कर पाता नहीं इसे स्वीकार
निरन्तर ढोता ही जाता है, बोझिल उन अंकों का भार खोजता
उत्तर उन प्रश्नों का, जिनको हल करना दुःसाध्य।
मान लूँ कैसे मैं यह बात कि
उत्तर दीर्घकाल का शून्य।
अल्प दिन की ही संख्या जोड़ रहा मैं बैठा सब दिन मूक
अभी तो लिखने को है शेष
प्रकृति के पात-पात पर शिशु अक्षर में
क्षण-क्षण की, जीवन की भाषा
अभी बहुत है शेष।

(कविता-पाठ के साथ-साथ लेखक पर प्रकाश कम होने लगता है। पीछे टेबुल और कुर्सियाँ, दरवाजे के बाहर बेंच। तीव्र प्रकाश। कविता-पाठ पूरा करके लेखक चला गया है। अमल-विमल-कमल और इन्द्रजित् आकर उसी बेंच पर बैठे हैं। कपड़े टिपटाप हैं, तनिक सतर्क और कठोर भंगिमा। घंटी बजती है। अमल उठकर कमरे में जाता है। चेयर पर बैठे अदृश्य ज्ञानी-गुणियों को नमस्कार करता है। अनुमति पाकर सामने की कुर्सी पर बैठता है। मूक प्रश्नों का मूक उत्तर देता चलता है। बाहर बेंच पर वार्तालाप चल रहा है।)

विमल : कैबिनेट मिनिस्टरों के नाम याद हैं?

कमल : ऊँहूँ, मैंने वह सब नहीं देखा है।

विमल : ईयर बुक ले आते तो अच्छा होता!

कमल : क्या अच्छा होता? कितना रटते?

विमल : कितना बजा इन्द्र?

इन्द्र : बारह बीस।

कमल : ग्यारह बजे से हम लोगों को बुलाकर बैठा दिया और बाबू लोग आए बारह बजे इंटरव्यू लेने।

विमल : यह बस दिखावा भर है। आदमी तो पहले ही चुना जा चुका है।

कमल : कौन हुआ होगा? अमल के पहले जो गया था, वही?

विमल : क्या पता! अपने राम नहीं हैं, इतना भर जानते हैं।

कमल : अमल को गए कितनी देर हुई?

इन्द्र : पाँच मिनट हुए होंगे।

विमल : क्या-क्या पूछते हैं बाबा?

(भीतर अमल उठता है। सामने दरवाजे की ओर बढ़ता है, पर कुर्सी की डाँट खाकर दूसरी ओर बाहर निकल जाता है।)

कमल : बहुत टेक्निकल प्रश्न पूछते होंगे?

विमल : नहीं। खास नहीं। असल में सही उत्तर पर उतना ध्यान नहीं देते जितना उत्तर देने के ढंग पर।

कमल : हाँ, कोई बात न जानने पर स्मार्टली 'आई डोंट नो' कह देने से चल जाता है।

इन्द्र : 'आई डोंट नो' स्मार्टली कहना बहुत कठिन होता है।

(घंटी। विमल भीतर जाता है। ये दोनों बेंच पर पास-पास बैठते हैं। भीतर विमल का वैसा ही मूकाभिनय)

कमल : गला थोड़ा बैठ रहा है। तुम्हारे पास लौंग है?

इन्द्र : ना।

(कमल सिगरेट निकालता है।)

गला पकड़े है, सिगरेट पीओगे?

कमल : ठीक नहीं होगा न?

(सिगरेट रख लेता है।)

तुम इसके पहले कितने इंटरव्यू दे चुके हो?

इन्द्र : पाँच।

कमल : तुम अच्छे हो। मेरा तो यह चौथा ही है। किसी की खबर मिली?

इन्द्र : हाँ, एक का रिग्रेट लेटर मिला है।

कमल : *(तनिक रुककर)* अगले महीने बाबूजी रिटायर कर रहे हैं।

(इन्द्रजित् उत्तर नहीं देता। लेखक का प्रवेश। मुस्कुराते हुए इन्द्रजित् की बगल में बेंच पर बैठ जाता है। ज़रा

देर सब चुप रहते हैं।)

कमल : कितना बजा?

इन्द्र : साढ़े बारह।

कमल : आपको कितने बजे बुलाया था?

लेखक : ग्यारह बजे। मेरा एक और इंटरव्यू आज ही साढ़े दस बजे पड़ गया। मैंने तो इसकी आशा ही छोड़ दी थी, पर एक चांस ले लिया और क्या?

कमल : आपको बुलाया तो नहीं न?

लेखक : नहीं भाई, इसीलिए ज़रा हिम्मत हो रही है।

कमल : आप भाग्यवान हैं।

(इसी बीच भीतर मूकाभिनय समाप्त करके विमल दूसरी ओर चला जाता है। घंटी। कमल भीतर जाता है।)

लेखक : सिगरेट?

इन्द्र : मैं नहीं पीता, थैंक्स।

लेखक : *(सिगरेट जलाता है।)* क्या पूछ रहे हैं, कुछ पता चला?

इन्द्र : ना। उधर से बाहर निकलने को कह रहे हैं।

लेखक : ऐसा ही यूजअली करते हैं। भाई लोगों के पास प्रश्न का स्टॉक तो कम ही रहता है।

इन्द्र : आपका पहले वाला इंटरव्यू कैसा हुआ?

लेखक : खूब अच्छा नहीं हुआ। वहाँ होगा नहीं। नौकरी अच्छी है।

इन्द्र : इसीलिए इस इंटरव्यू को छोड़कर उसमें गए थे?

लेखक : हाँ, पर जानते हैं, मुझे लगता है कि यह पॉलिसी गलत है। जब नौकरी पाना ही जरूरी है तब खराब नौकरी के लिए ही पहले इंटरव्यू देना चाहिए क्योंकि उसमें चांस ज्यादा रहता है।

इन्द्र : चलिए, इस बार तो दोनों ही हो गए।

लेखक : सो तो लक रहा। नहीं तो इसी अफ़सोस में तीन रात नींद न आती। मुझे नौकरी की कितनी ज़रूरत है, आप नहीं जानते।

इन्द्र : नौकरी की तो सभी को जरूरत है।

लेखक : सो तो एकदम ठीक है। माने सबको जनरली ज़रूरत होती है पर मुझे पर्टिकुलर्ली है।...तो आपको सब बातें खोलकर ही बता दूँ। उधार करके मैंने एक फ्लैट भाड़े पर ले लिया है। कम भाड़े का सुविधाजनक फ्लैट तो मेरे लिए हर समय खाली नहीं पड़ा रहेगा। इसमें और कुछ चाहे न हो, पानी की कल अलग है।

इन्द्र : आपकी बात पूरी तरह समझ नहीं पाया?

लेखक : माने...मैंने ब्याह कर लिया है और क्या? बाबूजी राजी नहीं थे। इसी महीने नौकरी न मिली तो फ्लैट छोड़ देना पड़ेगा। मेरी हालत समझ रहे हैं! उधार ले-लेकर कितने दिन मकान-भाड़ा दे सकता हूँ?

(कमल का साक्षात्कार हो चुकता है–वह बाहर निकल जाता है। इसके बाद अमल-विमल-कमल तीनों लौटकर इंटरव्यू लेने के लिए तीन कुर्सियों पर बैठते हैं। लेखक की बात पूरी होने पर आगल घंटी बजाता है, इन्द्रजित् भीतर जाता है। इस बार चारों मूक अभिनय में भाग लेते हैं। लेखक कुछ देर तक बैठा सिगरेट पीता रहता है। फिर सिगरेट फेंककर सामने आ जाता है।)

लेखक : अमल रिटायर करता है, उसका लड़का अमल नौकरी करता है। विमल बीमार हो जाता है, उसका लड़का विमल नौकरी करता है। कमल मर जाता है, उसका लड़का कमल नौकरी करता है। एवम् इन्द्रजित्–इन्द्रजित् का लड़का इन्द्रजित्। उधर फुटपाथ पर सात साल का एक लड़का हाथ में काठ का बक्स और गोद में साल-भर के लड़के को लिये खड़ा रहता है। उधर फुटपाथ पर एक लड़की खड़ी रहती है, नाम लीला। उधर आकाश सिन्दूरी हो उठा है, वहाँ बैठी मानसी जीवन को प्यार करना चाहती है। बहुत सारे जीवन को। जाने-अनजाने अज्ञात-अपरिचित प्रकाश-अन्धकार। खंड-

खंड टुकड़े अणु-परमाणु और सबको मिला दिया जाए तो
चर्खी *(नागरदोला)* का ऊपर-नीचे जाना-आना।
घूम रही है सृष्टि निरन्तर
आवर्तन में बँधी चल रही।
अस्त-व्यस्त आकाश
अचेतन-चेतन का सम्भार
ज्ञान-अज्ञान बीच प्रस्तार-
बाँधने को आतुर तत्काल
कर रहा हूँ मैं सतत प्रयास।
मुझे इन लोगों की कहानी कहनी ही होगी-इनकी जीवन-
गाथा को मुझे नाटक में बाँधना ही होगा
किन्तु भाषा तो है प्राचीन
कहानी क्षत-विक्षत, बलहीन
रोशनी की रेखा है क्षीण
सभी कुछ धुँधलाया-सा,
है प्रकाश दिग्भ्रान्त। समाधि की
जड़ता का यह नागपाश
है घेरे चारों ओर
वहीं पर मुझे जलाकर आग चिता की
करना है आलोक।

(इन्द्रजित् साक्षात् करके जाता है। पुनः घंटी)

घंटी बज रही है। एक परमाणु और च्युत हो गया है। वह एक और परमाणु को आमंत्रित कर रहा है-तीन परमाणु परस्पर पुकार रहे हैं। और भी ढेर-ढेर परमाणुओं से मिलकर बनी यह पृथ्वी घूम रही है और चक्कर काट रही है। और एक पर एक सेकंड, मिनट और घंटे चक्कर काट रहे हैं, काटे ही जा रहे हैं।

(फिर घंटी बजती है। अमल-विमल-कमल धीरज खो-सा रहे हैं।)

घंटी बजी है। फिर बजेगी। फिर भी पृथ्वी है फिर भी शताब्दी

है। हमारी पृथ्वी, हमारी शताब्दी। चर्खी जहन्नुम में जाए। सवाल भी जहन्नुम में जाएँ। हम हैं अमल-विमल-कमल। एवम् इन्द्रजित् एवं मैं। हम लोग हैं, अभी हैं, पृथ्वी पर हैं।

(अमल-विमल-कमल ऊबकर उठ खड़े होते हैं। ज़ोर-ज़ोर से घंटी बजाते हैं, किन्तु उनके ऊपर अँधेरा-सा हो आया है। लेखक पर तीव्र प्रकाश पड़ रहा है।)

मैं विभक्त, मैं अनुखंडित हूँ
चूर-चूर कण-कण से निर्मित जटिल इकाई एक
जी रहा, और जीऊँगा
बूढ़ी सदी आज भी बैठी
सुनने को कुछ गान
खोलकर कान चतुर्दिक्
ध्वंस-भ्रंश पृथ्वी है फिर भी
चली जा रही
अपराजिता अजेय निरन्तर।

(अचानक प्रकाश बुझ जाता है। अँधेरे में यवनिका गिरती है। दबे किन्तु स्पष्ट सम्मिलित स्वर में कविता-पाठ चलता है।)

बूढ़ी सदी आज भी बैठी
सुनने को कुछ गान
खोलकर कान चतुर्दिक्
ध्वंस-भ्रंश पृथ्वी है फिर भी
चली जा रही
अपराजिता अजेय निरन्तर॥

द्वितीय अंक

(एक ढंग से चार टेबुल-कुर्सियाँ लगी हैं। एक खाली चौखट। उसके पीछे एक बड़ी कुर्सी और टेबल, टेलीफोन। लेखक टेबुल-कुर्सी झाड़ रहा है-झाड़ क्या रहा है पंखों के झाड़न से ज़रा-ज़रा छूता जा रहा है, बस। उसके चेहरे या वस्त्र में कोई परिवर्तन नहीं है। झाड़ना पूरा करके सामने आता है।)

लेखक : घर से स्कूल। स्कूल से कॉलेज। कॉलेज से दुनिया। दुनिया एक ऑफ़िस है। इसी ढंग का एक ऑफ़िस। यहाँ पर बहुत से काम होते हैं, बड़े जरूरी-जरूरी भी। यहाँ बहुत से लोग काम करते हैं। अमल-विमल-कमल-इन्द्रजित्।

(अमल और विमल का प्रवेश)

अमल : आठ-बावन वाली ट्रेन आज दस मिनट लेट आई।

विमल : सियालदह में आज ट्राम रुक जाने के कारण ट्रैफिक जाम हो गया।

(कमल एवं इन्द्र का प्रवेश। अमल-विमल बैठते हैं।)

कमल : नौ-तेरह की गाड़ी आज भी नहीं पकड़ पाया।

इन्द्र : दो बस छोड़नी पड़ी, पैर रखने तक की जगह नहीं थी।

(कमल-इन्द्र बैठते हैं।)

अमल : *(विमल से)* लड़का कैसा है?

विमल : कुछ अच्छा है। *(कमल से)* लड़की भर्ती हुई?

कमल : कहाँ हुई? *(इन्द्र से)* कलम मिली?

इन्द्र : ना। पॉकेटमारी हो गई।

अमल : हरीश!

विमल : हरीश!

इन्द्र : हरीश!

अमल : *(ज़रा ज़ोर से)* हरीश!

लेखक : कहिए।

अमल : एक गिलास पानी दो।

विमल : *(ज़ोर से)* हरीश!

लेखक : कहिए।

विमल : पान ले आओ, और ज़र्दा भी।

कमल : *(ज़ोर से)* हरीश!

लेखक : कहिए।

कमल : दो सिगरेट भी–कैंची।

इन्द्र : *(ज़ोर से)* हरीश!

लेखक : कहिए।

इन्द्र : यह चिट्ठी डाक में डाल देना।

(लेखक अपनी जगह से हिलता नहीं। ये लोग भी उसे पैसा या चिट्ठी देते नहीं। यहाँ तक कि उसकी ओर देखा तक नहीं।)

अमल : पॉकेटमारों का तो ऐसा उपद्रव शुरू हुआ है कि बस, कुछ पूछो मत। उस दिन धर्मतल्ला की ट्राम में मौलाली का स्टॉपेज छोड़ते ही...

विमल : होमियोपैथी दवा करना चाहते हो तो कन्हाई भट्टाचार्य को दिखाओ। हमारे बहनोई को क्रॉनिक डिसेंट्री हुई थी...

कमल : तीसरी क्लास में भर्ती होगी और उसके लिए एडमीशन टेस्ट। वा...वा। अंग्रेजी, बांग्ला और गणित और उसके ऊपर से कहा कि बर्थ सर्टिफ़िकेट दिखलाए बिना उम्र...

(अचानक लेखक बड़े रोब से बड़े टेबुल के पास जाता है। अमल–विमल–कमल और इन्द्र तनिक उठकर माथा खुजलाते हुए बैठ जाते हैं। लेखक के कुर्सी पर बैठते ही टेलीफोन की घंटी बजती है।)

लेखक : हैलो...हैलो...यस...यस...ऑर्डर...चालान... डेलिवरी... फिफ्टीन पर्सेंट...यस...यस...बाई।

('इन' से एक के बाद एक कई फ़ाइल लेकर 'आउट' में रखता है। फिर 'आउट' से 'इन' में। अमल जाकर एक फाइल पर सही करवाकर लौटता है, फिर विमल। फिर कमल। फिर इन्द्र। फिर फोन।)

लेखक : हैलो...हैलो...यस...यस...ऑर्डर...चालान... डेलिवरी... फिफ्टीन पर्सेंट...यस...यस...बाई।

(फिर 'इन' से 'आउट' में फाइल डालता है।)

अमल : हरीश!

विमल : हरीश!

कमल : हरीश!

इन्द्र : हरीश!

(लेखक भीतर से आकर पुनः पंखवाला झाड़न लेकर अपने स्टूल पर बैठ जाता है। वे सब और ज़ोर से पुकारते हैं।)

अमल : हरीश!

विमल : हरीश!

कमल : हरीश!

इन्द्र : हरीश!

(लेखक उठकर एक-एक करके सबके पास जाता है।)

लेखक : कहिए। कहिए। कहिए। कहिए।

अमल : विमल बाबू!

(लेखक अमल की फ़ाइल विमल को देता है। विमल उसे रखकर लेखक को एक दूसरी फ़ाइल देता है।)

विमल : कमल बाबू!

(लेखक विमल की फ़ाइल कमल को देता है।)

कमल : निर्मल बाबू!

लेखक : निर्मल बाबू तो रिटायर कर गए सर!

कमल : ओ...इन्द्रजित् बाबू!

(लेखक कमल की फ़ाइल इन्द्रजित् को देता है।)

इन्द्र : अमल बाबू!

अमल : विमल बाबू!

विमल : कमल बाबू!

कमल : इन्द्रजित् बाबू!

(इस तरह तीन बार वही बात दुहराई जाती है। हर बार पहली बार से अधिक तीव्र गति से। अन्तिम बार लेखक फिरकी-सा नाचने लगता है। घंटी बजती है। लेखक भीतर जाता है। बड़े साहब का आदेश लेकर बाहर आता है।)

अमल : हरीश!

विमल : हरीश!

कमल : हरीश!

इन्द्र : हरीश!

लेखक : बड़े साहब के लिए चाय लाने जा रहा हूँ, सर।

अमल : ओ!

विमल : ओ!

कमल : ओ!

इन्द्र : ओ!

(लेखक चाय लेने जाने के बजाय घूमकर सामने आ जाता है।)

लेखक : फाइल के बाद चाय। फिर फ़ाइल। फिर टिफिन। फिर फ़ाइल। फिर चाय। फ़िर फ़ाइल। फिर ट्राम-बस-ट्रेन। इससे भी बड़े ऑफ़िस हैं-फ़ाइल, फिर टी-फिर फ़ाइल। उसके बाद हिन्दुस्तान-फ़ियाट-स्टैंडर्ड।

अमल : हैलो घोष, ओल्ड बॉय, आज क्लब जा रहे हो?

विमल : न, आज घर जाना होगा। मिसेज ने आज अपनी पुरानी फ्रेंड्स को पार्टी दे रखी है।

कमल : हैलो राय, ओल्ड बॉय, गाड़ी गराज से निकली?

इन्द्र : कुछ पूछो मत। क्लच प्लेट जल गई है। टैक्सी की भी इतनी बुरी हालत है, सुबह नौकर पूरे 45 मिनट लगाकर लौटा।

(लेखक इस बीच भीतर बड़े साहब के टेबुल पर बैठता है। इनकी बात पूरी होते ही फोन)

लेखक : हैलो–हैलो–यस–बोर्ड ऑफ डायरेक्टर्स–कॉन्फ़रेंस–बजट–एनुअल रिपोर्ट–यस–यस–यस बाई। मिस मलहोट्रा।

(मानसी शॉर्टहैंड की कॉपी लिये आती है।)

मानसी : यस सर।

लेखक : *(टहलते–टहलते)*

With reference to above letter in connection with the above matter, I would request you–I shall be obliged if–forward us at your earliest convenience–let the office know immediately–15th ultimo–25th instant thanking you, assuring you of our best co-operation–yours sincerely–

yours sincerely.

(टेलीफ़ोन)

हैलो–यस–यस–बोर्ड ऑफ़ डायरेक्टर्स–कॉन्फ़रेंस–बजट एनुअल रिपोर्ट–यस–यस–बाई–दैट्स ऑल मिस मलहोट्रा।

(मानसी का प्रस्थान। लेखक निकलकर सामने आता है।)

दैट्स ऑल मिस मलहोट्रा। दैट्स ऑल लेडीज़ एंड जेंटिलमैन।

दैट्स ऑल।

अमल : दैट्स ऑल।

विमल : दैट्स ऑल।

कमल : दैट्स ऑल।

(सब कोरस में दैट्स ऑल बोलते हैं। इन्द्र चुप रहता है। इन्द्र को चुप देखकर तीनों पहले रुक जाते हैं फिर एक साथ ज़ोरों से हँस पड़ते हैं।)

अमल : बक अप, ओल्ड बॉय।

विमल : चियरिओ, ओल्ड बॉय।

कमल : ऑल द बेस्ट, ओल्ड बॉय।

(एक-एक करके इन्द्र की पीठ को थपथपाते हुए तीनों चले जाते हैं। इन्द्र बैठा रह जाता है। लेखक घूमकर पीछे जाता है और झाड़ू देने लगता है। इन्द्र अन्यमनस्क भाव से फ़ाइल देखता है।)

लेखक : कुछ खोज रहे हैं, सर?

इन्द्र : आँ? हाँ, खोज रहा हूँ।

लेखक : क्या?

इन्द्र : कुछ और।

लेखक : क्या?

इन्द्र : आँ...नहीं, कुछ नहीं...कुछ नहीं। इसके सिवा और कुछ नहीं है?

लेखक : मेरी समझ में ही नहीं आया, सर, कि आप क्या खोज रहे हैं?

इन्द्र : हरीश, कुछ भी तो नहीं मिल रहा है। छोड़ो...हटाओ। कल सुबह यह फाइल अमल बाबू के टेबुल पर रख देना, यह विमल बाबू को देना और यह कमल बाबू को। और इस पर बड़े बाबू का दस्तखत होगा। मैं कल नहीं भी आ सकता हूँ।

लेखक : आपकी तबीयत खराब है, सर?

इन्द्र : तबीयत? हाँ, कल तबीयत खराब हो जा सकती है। अच्छा, मैं चला।

(इन्द्र का प्रस्थान)

लेखक : अमल गया–विमल गया–कमल भी चला गया। केवल इन्द्रजित् बैठा सोच रहा है। इन्द्रजित् भी चला गया। मैं बैठा सोच रहा हूँ...मैं...

मैं बैठा हूँ सोच रहा
बस सोच रहा हूँ
मैं हूँ खंडित एक उपकथा

एक शून्य, जो अभरणीय है।
जीवन मेरा ऐसे ही विलीन हो रहा।
(फिर भी अर्द्ध-चेतना लेकर
आती है क्यों मधुर मुखरता?)
चूर्ण हुई पृथ्वी के कण-कण
मिले धूल में
जिन्हें समय का सूप निरन्तर
फटक रहा है
सार और निस्सार देखने
पर क्या जीवन-बीज छिपा
इन धूलि कणों में?

छोड़ो भी, क्या करना हमको
है भविष्य के बिखरे कण को
जोड़-बटोर सृजन करने की
इच्छा मन में पनपाने से।
(मिट्टी अब यह बहुत पुरानी
सूना नभ-है व्यर्थ कल्पना
नए सृजन का स्वप्न देखना
सभी निरर्थक।)

मैं बैठा हूँ सोच रहा
अब भी वैसे ही सोच रहा हूँ-
मनुज एक खंडित अपूर्णता।
फिर भी मन क्यों बार-बार
है खोज रहा, है सोच रहा
उस पूर्ण मनुज की बात
आज भी?

(मौसी का प्रवेश)

मौसी : तू यहाँ बैठा है? और खोजते-खोजते मेरे प्राण निकल गए।

यहाँ बैठा क्या कर रहा है?

लेखक : सोच रहा हूँ।

मौसी : इतना क्या सोचता रहता है, मैं भी तो सुनूँ?

लेखक : सोचता हूँ, हम लोग कौन हैं?

मौसी : इसमें सोचने की क्या बात है? तुम लोग तुम लोग हो और क्या?

लेखक : ठीक ही तो है, हम लोग हम लोग हैं, यह तो मेरी अकल में ही नहीं आया था। पर हम लोग क्या हैं?

मौसी : लो, इसकी बातें सुनो। हम लोग क्या हैं? तुम लोग सब हीरे की कनी जैसे लड़के हो। अच्छी तरह तुम लोगों ने इम्तहान पास किया है, अच्छी-अच्छी नौकरी पर लगे हो।

लेखक : ठीक कह रही हो, मौसी! हीरे की कनी। कनी, माने टुकड़ा हूँ, यहाँ तक तो मैं भी पहुँच पाया था, पर हीरे की कनी हूँ यह खोपड़ी में ही नहीं घुसता था।

मौसी : किस खामखयाली में डूबे रहते हो?

लेखक : सच, खामखयाली ही तो है। तुमने फटाफट मेरे दो प्रश्नों का जवाब दे दिया-अब एक प्रश्न का और दो तो। पर यह उतना आसान नहीं है।

मौसी : क्या?

लेखक : हम लोग क्यों हैं?

मौसी : क्यों हैं, माने?

लेखक : माने यही कि हम लोग हैं क्यों?

मौसी : बलैया लूँ...वाह रे...होंगे क्यों नहीं? तुम लोगों के होने से किसका कलेजा जल रहा है, ज़रा मैं भी तो सुनूँ!

लेखक : उहुँ...हुआ नहीं। यह जवाब लॉजिकल नहीं हुआ।

मौसी : कौन तेरी लॉजिक का उधार खाए बैठा है? जितनी सब अलक्षणी बातें। ब्याह न करने से ही ऐसी फालतू बातें दिमाग में आती हैं।

लेखक : इसके बीच में ब्याह की बात कहाँ से टपक पड़ी?

मौसी : नहीं, ब्याह की बात क्यों आएगी? आएगी तो यह सब क्यों,

कौन, क्या की। तू ब्याह क्यों नहीं करता, इसका जवाब मुझे दे?

लेखक : बड़ा कठिन प्रश्न है, मौसी! ब्याह क्यों करूँ, यही सोचते-सोचते तो प्राण निकले जा रहे हैं।

मौसी : लो भला, इसकी बातें सुनो! ब्याह क्यों करूँ! सभी करते हैं, फिर तू ही क्यों नहीं करता?

लेखक : बस, मिल गया उत्तर। सभी करते हैं।
छींको क्यों तुम? खाँसो क्यों तुम?
मधुर-मधुर मुसकाओ क्यों तुम?
लेते देख जम्हाई उसको
चुटकी तुरत बजाओ क्यों तुम?
सब करते हैं इसीलिए तुम भी करते हो?

मौसी : लो, यहाँ तो कविता शुरू हो गई। मैं चली।

(लेखक रास्ता रोक लेता है।)

कविता का सुन नाम दौड़कर भागीं तुम क्यों?
ऊँचे स्वर में छेड़ रेडियो रखतीं तुम क्यों?
और दाल में मुट्ठी भर मिर्चा देती क्यों?
सब करते हैं, इसीलिए तुम भी करती हो?

मौसी : लो, दाल में मुट्ठी-भर मिर्चा मैंने कब डाला?

लेखक : समय हुआ यह देख दौड़ते ऑफ़िस क्यों तुम?
छुरी से काटतीं सदा तरकारी क्यों तुम?
क्यो देती हो तेल दूसरे के चरखे में?
सब करते हैं इसीलिए तुम भी करती हो?

मौसी : क्या पागलपन करते हो, मेरी तो समझ में नहीं आता। ब्याह हो जाता तो यह सारा पागलपन दो दिनों में रफूचक्कर हो जाता।

(मौसी का प्रस्थान)

लेखक : विवाह। जन्म, विवाह और मृत्यु। जन्म के बाद विवाह, फिर मृत्यु। बहुत दिनों पहले मैंने एक बड़ी सुन्दर कहानी पढ़ी थी-पता नहीं आप लोगों ने पढ़ी है या नहीं। कहानी का अधिकांश

तो भूल गया हूँ फिर भी...। एक राजकुमार था और एक राजकुमारी। बहुत से झंझट-झमेलों के बाद-उसके बाद ही तो असल कहानी शुरू होती है-दोनों सुख से राजपाट भोगने लगे। राजपाट या घर-गृहस्थी क्या भोगने लगे, ठीक से याद नहीं। पर हाँ, दोनों बड़े सुख से रहने लगे, यानी इतने अधिक सुख से कि उसे लेकर कहानी और आगे बढ़ नहीं सकी।

(नेपथ्य से शंखध्वनि। मंच के बीच में मानसी सिर पर साड़ी का पल्ला रखे सलज्ज नववधू-सी आकर खड़ी होती है।)

विवाह। एक पुरुष और एक नारी। दम्पती-जम्पती जायापति। सीधे-सादे ढंग से कहने का मतलब दूल्हा-दुल्हन। *(अमल का प्रवेश-नए विवाह का-सा संकोच)*

अमल : ज़रा सुपारी देना तो!

मानसी : आले पर रखी है। ले लो न।

अमल : आले पर रखी है, मुझे नहीं मिलेगी।

मानसी : अहा, नहीं मिलेगी। इतने दिनों तक कौन खोजकर दिया करता था, ज़रा सुनूँ?

अमल : इतने दिनों कोई मेरा था क्या?

मानसी : चुप रहो, कोई सुन लेगा।

अमल : सुन लेगा-तो फिर चुपचाप कानों में बोलूँ-

मानसी : क्या करते हो? जाओ, तुम इस कमरे से जाओ। न जाने कब कौन आ पड़े!

(अमल का प्रस्थान)

लेखक : दम्पती-जम्पती-जायापति-माने इसके बाद पति-पत्नी।

(मानसी का घूँघट खिसक चुका है-स्वाभाविक गृहिणी हो गई है। विमल का प्रवेश। हाथ में अखबार है-कुर्सी पर बैठकर पढ़ना शुरू करता है। मानसी पास आती है।)

मानसी : कोई खास खबर है?

विमल : ऐं? नहीं, वही सब...

मानसी : मैंने सोचा शायद दुनिया में कुछ बहुत बड़ी बात हो गई है!

विमल : क्यो, क्या हुआ?

मानसी : कब से अखबार लिये बैठे हो, सिर तक नहीं उठाया है तुमने।

विमल : नहीं–ऐसे ही जरा देख रहा था *(अखबार रखकर)* हाँ बोलो, क्या कह रही थीं?

मानसी : खास कुछ नहीं। आज शाम को क्या कर रहे हो?

विमल : क्यों?

मानसी : ऐसे ही। ज़रा बाहर निकलने का मन था।

विमल : पर...आज तो मेरे ऑफ़िस में एक आदमी रिटायर कर रहे हैं सो फेयरवेल मीटिंग है। कहाँ चलना चाह रही थीं?

मानसी : नहीं, कहीं नहीं।...दाढ़ी नहीं बनाओगे? नौ बजा।

विमल : नौ? माई गॉड।

(विमल का प्रस्थान)

लेखक : दम्पती–जम्पती–जायापति माने मियाँ–बीबी।

(कमल का प्रवेश)

मानसी : अच्छा, तुम्हारा दिमाग ठीक है या नहीं? मुन्ना को बुखार था, देखकर गए थे, फिर भी रात दस बजे लौटने की फुर्सत मिली?

कमल : बार्ली ले आया हूँ। यह लो।

मानसी : हाँ, ले तो आ रहे हो बार्ली, पर रात दस बजे। पहले की ले आई खत्म नहीं हो गई? कुछ ख़याल था कि मुन्ना क्या लेगा?

कमल : एकदम खत्म हो गई थी?

मानसी : जो ज़रा–बहुत बची थी वही जोड़–बटोरकर बना दी थी।

कमल : अब कैसा है?

मानसी : निन्यानबे है। मुसम्मी नहीं लाए?

कमल : यहाँ का फलवाला चोर है, रुपए में चार देता है। कल बाजार से ला दूँगा।

मानसी : चलो, हाथ–मुँह धोओ। मैं खाना परोसती हूँ।

(दोनों का अलग–अलग दिशाओं में प्रस्थान)

लेखक : दम्पती–जम्पती–जायापति–दूल्हा–दुल्हन, पति–पत्नी,

मियाँ-बीबी-अमल-विमल-कमल एवम् इन्द्रजित्।

(इन्द्रजित् का प्रवेश)

लेखक : अरे, इन्द्रजित्?

इन्द्र : अरे तुम! कितने ताज्जुब की बात है। तुमसे यहाँ ऐसे मुलाकात हो जाएगी, सो तो सोचा ही नहीं था।

(दोनों ज़ोर से कर-मर्दन करते हैं।)

लेखक : ओ, कितने सालों बाद तुमसे भेंट हुई!

इन्द्र : हाँ, सात साल हुए होंगे।

लेखक : इतने दिनों तुम कहाँ थे? भोपाल में ही।

इन्द्र : नहीं। *(भोपाल की नौकरी तो साल भर बाद ही छूट गई)* उसके बाद बहुत जगह घूमता रहा। बम्बई, जालन्धर, मेरठ, उदयपुर-बदली वाली नौकरी मिल गई है, यहाँ से वहाँ चक्कर काट रहा हूँ।

लेखक : यही तो तुम चाहते थे।

इन्द्र : यही चाहता था? पता नहीं।

लेखक : वाह! वह पेंगुइन, कंगारू, एस्किमो-सब भूल गए?

इन्द्र : ओ! सरल भूगोल परिचय? तुम्हें अभी तक याद है?

लेखक : क्यों, तुम्हें भूल गया?

इन्द्र : नहीं, भूला तो नहीं हूँ, पर लगता है अब दृष्टि बदल गई है। उस दिन पॉकेट में एक रुपया बारह आने की पूँजी लेकर हावड़ा छोड़ देता तो कैसा लगता, पता नहीं। आज लगता है, भूगोल से बाहर पृथ्वी नहीं है, कम-से-कम इस देश में तो नहीं ही।

लेखक : विदेश में?

इन्द्र : विदेश तो गया नहीं, वहाँ की बात कैसे कहूँ? मलाया की एक नौकरी के लिए इंटरव्यू दिया था पर मिली नहीं।

लेखक : मिलने से जाते?

इन्द्र : हाँ, क्यों नहीं?

लेखक : लगता है, अभी शादी नहीं की है?

इन्द्र : समय ही कहाँ मिला? और तुमने?

लेखक : बस, एक-सी ही गति है।

इन्द्र : और सबका क्या हालचाल है?

लेखक : सब माने?

इन्द्र : अमल-विमल-कमल।

लेखक : सब ठीक ही हैं, नौकरी कर रहे हैं, गृहस्थी चला रहे हैं।

इन्द्र : तुम्हारी बातों से तो नहीं लगता कि सब ठीक हैं?

लेखक : नहीं...ठीक ही हैं। पर मुझे उनसे कोई ईर्ष्या नहीं है। तुम्हें होती है?

इन्द्र : क्या जाने? पता नहीं।

लेखक : मानसी का क्या हालचाल है?

इन्द्र : मानसी...? अरे हाँ, तुम तो उसे मानसी ही कहते हो न। ठीक है।

लेखक : कहाँ है?

इन्द्र : *(हँसकर)* माने, जानना चाहते हो न कि शादी की है या नहीं? नहीं, नहीं की। हजारीबाग में एक स्कूल में नौकरी करती है।

लेखक : *(ज़रा देर रुककर)* बस, और कोई समाचार नहीं है?

इन्द्र : और क्या समाचार जानना चाहते हो?

लेखक : तुम जो भी बतलाना चाहो।

इन्द्र : *(हँसकर)* सचमुच और कोई समाचार नहीं है। बतलाने लायक दुनिया में कुछ घटता ही कहाँ है। मैं नौकरी करता हूँ-वह नौकरी करती है। मैं चिट्‌ठी लिखता हूँ-वह जवाब देती है। साल में एक बार मुलाकात होती है। हम दोनों प्लान करके छुट्‌टी लेकर कलकत्ता में भेंट करते हैं। बस, इतना ही तो समाचार है।

लेखक : तुम लोग विवाह करोगे?

इन्द्र : नहीं ही करूँगा, ऐसा तो तय नहीं किया है पर हाँ अभी तक किया नहीं है, यह सच है।

लेखक : विवाह कर क्यों नहीं डालते?

इन्द्र : पता नहीं। मैं इसका कोई कारण नहीं बतला सकता। सम्भव

था पास होने के बाद बिना कुछ सोचे-विचारे एक दिन कर लेता तो कर लेता। तब तो सोचता-विचारता नहीं था। वहाँ उसी मैदान में बैठकर न जाने कितनी बातें की हैं, प्लान किया है और ऐसे ही एक दिन तर्क करते-करते न जाने क्या कैसे हो गया कि...

(मानसी का प्रवेश। आकर पास बैठ जाती है-इन्द्र भी उसके पास बैठता है। लेखक एक कोने में अँधेरे में चला जाता है।)

मानसी : इन्द्र, मुझसे नहीं होगा।

इन्द्र : क्या नहीं होगा?

मानसी : तुम क्यों इस तरह जिद कर रहे हो? मुझे कुछ समय दो।

इन्द्र : समय-समय-समय। आज छः महीने से बस तुम एक ही बात कह रही हो-समय दो।

मानसी : मैं क्या करूँ, तुम्हीं बतलाओ। तुम्हारे जितना साहस मुझमें नहीं है।

इन्द्र : साहस मत कहो। कहो कि इच्छा नहीं है।

मानसी : इच्छा होने से क्या सब कुछ किया जा सकता है?

इन्द्र : सब कुछ की बात मैं नहीं जानता, पर हाँ, विवाह किया जा सकता है, इतना जानता हूँ।

मानसी : मर्द लोग जो कुछ...

इन्द्र : बस-बस, मुझे पता है। यही न कि मर्द जो कुछ कर सकते हैं औरतें नहीं कर पातीं। औरतें खाली सोच सकती हैं, मान सकती हैं और समय चाह सकती हैं।

मानसी : क्यों बेकार गुस्सा होते हो?

इन्द्र : *(रुककर)* नहीं, गुस्सा नहीं हो रहा हूँ!...कल मैं भोपाल चला जा रहा हूँ, इसीलिए आज इस बारे में जानना चाहता था।

मानसी : भोपाल चले जाने से ही सब-कुछ शेष हो जाएगा?

इन्द्र : *(रुककर)* पता नहीं।

मानसी : इन्द्र!

इन्द्र : मुझे कुछ पता नहीं मानसी, सच कहता हूँ।

मानसी : *(धीरे से)* तब फिर पहले पता कर लो। पहले भोपाल जाकर देखो कि क्या होता है?

इन्द्र : अब कौन गुस्सा हो रहा है?

मानसी : यह गुस्सा नहीं है इन्द्र । मैं बहुत सोच-समझकर कह रही हूँ-जिन्दगी बच्चों का खिलवाड़ नहीं है।

(इन्द्र देखता रह जाता है। अन्धकार। मानसी चली जाती है। पुनः लेखक पर प्रकाश पड़ता है। इन्द्र उठकर पास आता है।)

इन्द्र : हम दोनों जीवन को लेकर बच्चों का खिलवाड़ नहीं कर सके। बहुत सोच-विचार किया। बहुत हिसाब-किताब किया। अभी भी करता रहता हूँ। लगता है, सचमुच कहीं जीवन बच्चों का खिलवाड़ ही न हो उठे। जीवन-महामूल्यवान जीवन। अखबार पढ़ते हो?

लेखक : हाँ, बीच-बीच में।

इन्द्र : न जाने कब एक खबर पढ़ी थी। अमरीका के सारे अणु-अस्त्र और कुछ नहीं, स्विच का खिलवाड़ भर हैं। कहीं भूल से आणविक युद्ध न शुरू हो जाए इसीलिए स्विच में बहुत तरह के ऑटोमैटिक इंटरलिंकिंग सिस्टम रखे गए हैं-वैसे ही जैसे रेल के सिगनल में होते हैं। मान लो, कभी भूल से कुछेक एटम और हाइड्रोजन बम के गिरने से सारी पृथ्वी नष्ट हो जाए तो? सोच सकते हो?

लेखक : तुम कहना क्या चाहते हो?

इन्द्र : खास कुछ नहीं। इसी मूल्यवान जीवन की बातें जिसे लेकर इतनी विवेचना, इतना हिसाब-किताब होता रहता है।

लेखक : मतलब यह कि तुम तो विवाह करना चाहते हो पर मानसी ही मन से नहीं तय कर पा रही है?

इन्द्र : नहीं, ऐसी बात नहीं है, कम-से-कम फिलहाल तो नहीं। हर समय क्या कोई एटम बम की बात सोच सकता है। रात में तारों-भरे आकाश की ओर यदि निहारो और किताबों में पढ़े ज्योतिष शास्त्र की बात यदि सोचो तो सारे सौर-

जगत् में इस छोटी-सी पृथ्वी का कुछ महत्त्व लगता है? कीड़े-मकोड़ों जैसे इन मनुष्यों का कोई मूल्य है? फिर भी यही बात यदि हर समय सोची जाए तो क्या जिन्दा रहा जा सकता है?

लेखक : फिर भी तो तुम सोचते रहते हो?

इन्द्र : क्या करूँ, सोचे बिना रहा नहीं जाता। फिर अपने जीवन को बहुत विराट बनाकर भी मैं सोचता हूँ। मैं भूल जाता हूँ कि महाकाल के निकट मेरा जीवन क्या है...एक पल मात्र ही तो। मैं यह भी भूल जाता हूँ इस अखिल विश्व ब्रह्मांड में मेरा अस्तित्व धूल के एक कण से अधिक महत्त्वहीन है। वरन् मैं सोचता हूँ कि इस दुनिया में मेरे जीवन की तरह मूल्यवान और कुछ है ही नहीं।

लेखक : इस तरह भूलना भी प्रकृति का वरदान समझो... मनुष्य इसी हथियार के भरोसे बच पाता है।

इन्द्र : यह हथियार पूरा नहीं पड़ता। ज्ञान-वृक्ष का फल। यह तारों भरा आकाश सब गोलमाल कर देता है, सब गोलमाल कर देता है।

तुम, मैं, मानसी, कमल, विमल, अमल...

(वाद्य संगीत में इन्द्र का स्वर डूब जाता है। सारे मंच पर अन्धकार हो जाता है। प्रकाश का एक पुंज लेखक एवं इन्द्र के ऊपर पड़ता है और दूसरी क्षीण रेखा पीछे खड़ी मानसी के ऊपर। दूसरी ओर हल्के से प्रकाश में अमल, विमल और कमल की छाया-मूर्तियाँ। वाद्य संगीत एक गम्भीर कविता पाठ के स्वर में परिणत होता है।)

कंठस्वर : धरती मिलती है सागर में
औ' सागर जा दूर क्षितिज में लीन हो रहा
उस विस्तीर्ण सौर्य-मंडल में
इस पृथ्वी का तुच्छ ठिकाना...
कहाँ खो गया?

पृथ्वी का अस्तित्व–दो क्षणों का यह जीवन
क्या है?–एक विलास मात्र
इस सतत उच्छरित जीवनधारा
और काल की अनन्त गति का।
(जीवन का इतिहास, क्षणिक
आकस्मिक संयोजन भर तो है।
धरती का यह अर्थहीन नव–स्पन्दन
केवल दान कुछेक क्षणों का ही तो।
उस अनन्त गणना में मैं हूँ
मात्र धूल के कण–सा
संज्ञाहीन, तुच्छ, साधारण।
ठीक युधिष्ठिर ने समझा था
बक रूपी उन धर्मराज के प्रश्नों को...
जीवन का मर्म वही था।)
जीवन की इस सतत प्रवाहित
उच्छल धारा की गति को
है मृत्यु कर रही बेताला–
यह कहना कितनी बड़ी भूल है?
एक मृत्यु क्या कर सकती है
प्रखर प्राणधारा को बाधित?
(फिर भी मानव मूढ़
सोचता इसी तरह है।
मानव के इतिहास ग्रन्थ में
नहीं लिखी है गई
और कोई घटना विस्मयकर इससे।)

(स्तब्धता। एकदम अँधेरा हो जाता है–केवल मानसी पर पड़नेवाला प्रकाश थोड़ा और तीव्र हो जाता है)

मानसी : फिर भी मैं हूँ कीट अधम–बेशर्म।
तुष्ट चतुर्दिक् फैले जीवन तन्तु–जाल।
विस्मृत कर बैठा मैं गहरी जटिल समस्या

गूढ़ तत्त्व आलोचन सबकुछ।
किन्तु अनन्त घोषणा करता
उद्धत प्राणशक्ति से भरकर
तुच्छ धूल कण के मुहूर्त की।

(मानसी पर पड़नेवाला प्रकाश बुझ जाता है। फिर धीरे-धीरे प्रकाश होता है तो मंच पर बीच में पाद-प्रदीप के पास लेखक अकेला दिखलाई पड़ता है।)

लेखक : प्राणों का उद्धत अधिकार। पर किसके प्राण? इन्द्रजित्, मानसी, मैं और कौन? अमल-विमल-कमल।

(अमल का प्रवेश)

अमल : अरे कवि, क्या हालचाल है?

लेखक : ठीक।

अमल : अभी भी लिखते-विखते हो या छोड़ दिया?

लेखक : बीच-बीच में लिख लेता हूँ।

अमल : तुम्हारा वह नाटक पूरा हुआ?

लेखक : ना। तुम्हारा क्या हालचाल है?

अमल : अच्छा नहीं है भाई।

लेखक : क्यों, क्या हुआ?

अमल : अरे, इस ए. बी. सी. कम्पनी में नौकरी करके तो जिन्दगी ही बरबाद हो गई। *(सीनियर असिस्टेंट की पोस्ट पर काम करते छह साल हो गए)*–छह साल का अनुभव मुझे और असिस्टेंट मैनेजर की पोस्ट पर ले आए बाहर से किसी एक मद्रासी को।

लेखक : अच्छा?

अमल : बस, पूछो मत। *(आजकल मद्रासियों का ही बोलबाला है। बंगाली बंगालियों के हाथों मरेंगे। मैंने ही भूल की, उस समय पी. आर. क्यू. कम्पनी का ऑफर नहीं लिया। सोचा, यहाँ भी तो प्रमोशन हुआ जा रहा है क्यों फालतू में इधर उधर)*... सच कवि, जीवन से विरक्ति हो गई।

लेखक : घर में सब लोग मजे में हैं?

अमल : मजे में क्या हैं! ऐसी हालत में कहाँ तक चैन से रहा जा सकता है। *(छः साल हो गए–सीनियर असिस्टेंट के सीनियर असिस्टेंट)* अच्छा भाई चलूँ, ज़रा जल्दी है।

(अमल का प्रस्थान। विमल का प्रवेश)

विमल : अरे कवि, क्या हालचाल है?

लेखक : ठीक।

विमल : अभी भी लिखते-विखते हो या छोड़ दिया?

लेखक : बीच-बीच में लिखता हूँ।

विमल : तुम्हारा नाटक पूरा हुआ?

लेखक : ना। तुम्हारा क्या हालचाल है?

विमल : ठीक ही है। हम लोगों के फर्म को हैवी इंजीनियरिंग में अच्छा कॉन्ट्रैक्ट मिला है। राँची ट्रांसफर हो गया है, कल जा रहा हूँ।

लेखक : फैमिली को ले जा रहे हो?

विमल : हाँ, क्वार्टर दिया है। और फैमिली माने तो खाली मिसेज। लड़के को ला मार्टीनियर में भर्ती करा दिया है। राँची में कौन जाने कैसा स्कूल मिले!

लेखक : तो मतलब अच्छे ही हो?

विमल : हाँ, चलता है और क्या? अच्छा भाई, चलूँ। ज़रा न्यू मार्केट जाना है–कुछ लास्ट मिनट शॉपिंग करनी है। तुम उधर जाओगे क्या? तो चलो, लिफ्ट दे सकता हूँ।

लेखक : नहीं भाई, मुझे अभी नहीं जाना है।

विमल : अच्छा भाई, सो लांग।

(विमल का प्रस्थान। कमल का प्रवेश)

कमल : अरे कवि, क्या हालचाल है?

लेखक : ठीक।

कमल : अभी भी लिखते-विखते हो?

लेखक : ना।

कमल : हाँ भाई, इतने झमेलों में ऐसी हॉबी बनाए रखना बड़ा मुश्किल होता है! मैं भी तो माउथ आर्गन बजाया करता था पर कहाँ

चालू रख सका? *(खराब होकर पड़ा है, ठीक भी नहीं करवा पाया। कैसी महँगाई है।)* हाँ, तुमने इंश्योरेंस करवाया है?

लेखक : ना।

कमल : कहते क्या हो? नहीं भाई, यह तो ठीक बात नहीं है। एक सिक्योरिटी तो चाहिए। ज़िन्दगी के बारे में कौन क्या कह सकता है? इंश्योरेंस करवा डालो–कम–से–कम दस हजार का–

लेखक : किसके लिए इंश्योरेंस करवाऊँ?

कमल : क्यों, ब्याह नहीं किया तुमने?

लेखक : ना।

कमल : खैर, पर करने में क्या देर लगती है? और फिर करते साथ बाल–बच्चे। ज्यादा उम्र में बीमा करवाने से प्रीमियम रेट बहुत बढ़ जाता है। *(फिर अपनी बुढ़ौती में भी तो कुछ सहारा चाहिए)* कितने का करवाओगे, बता दो, मैं सब इन्तजाम करवा दूँगा।

लेखक : तुमने क्या नौकरी छोड़ दी?

कमल : दिमाग़ खराब हुआ है? आजकल के ज़माने में कोई नौकरी छोड़ता है? पर हाँ, एक बिज़नेस की चेष्टा में हूँ। *(यदि सब हिसाब–किताब ठीक बैठ गया तो नौकरी–वौकरी, बीमा की दलाली–फलाली सब छोड़ दूँगा।)* अच्छा, ऐसा कोई फाइनेंसियर तुम्हारी निगाह में जो करीब 25 हजार रुपए लगा सके? बड़ी अच्छी स्कीम है? फॉर्टी परसेंट प्रॉफ़िट गारंटीड। मैं सारा हिसाब फैलाकर बता दे सकता हूँ।

लेखक : ऐसा कोई मेरी जानकारी में तो नहीं।

कमल : चिन्ता मत करो, कोई–न–कोई मिलेगा ही। ऐसी सोना उगलनेवाली स्कीम है कि रुपया लगानेवालों की कमी न होगी। अच्छा भाई, चलूँ। हाँ, तुम इंश्योरेंस की बात सीरियसली सोच देखो।

(कमल का प्रस्थान)

लेखक : *(कविता) किन्तु अनन्त घोषणा करता*

उद्धत प्राणशक्ति से भरकर
तुच्छ धूल कण के मुहूर्त की।

ये सब छोटे-छोटे कण हैं-इनकी दैनन्दिन जीवन की अनेक छोटी-मोटी घोषणाओं का इतिहास मेरा नाटक है। अमल-विमल-कमल। एवम् इन्द्रजित्

(इन्द्र का प्रवेश)

तुम्हारी कौन-सी अनन्त घोषणा है, इन्द्रजित्?

इन्द्र : घोषणा, माने?

लेखक : कुछ नहीं। हाँ, मानसी से भेंट हुई?

इन्द्र : नहीं, हुई नहीं है पर होगी। उसी मैदान में।

(इन्द्र पीछे चला जाता है।)

लेखक : उस मैदान में। उसी घने पेड़ के नीचे।
बीते दिन की अनगिन बातें
तृण तरु-तरु में गुँथी हुई हैं।
जीवन में आगमन
प्रथम यौवन का
गुपचुप मन की बातें
उस कोने में रमी हुई हैं।
इन्द्रजित् और मानसी। वे फिर से वहाँ बैठेंगे, बातें करेंगे।
दिन पर दिन बीते जाते हैं
मास-वर्ष की रगड़ें खा-खा
बात पुरानी पड़ जाती है
वही बात फिर-फिर आती है।
फिर भी आओ, उस कोने में
हरी-हरी दूर्वा पर बैठें
इधर-उधर की बातें करते
हम-तुम दोनों कुछ क्षण काटें।

(मानसी आकर इन्द्रजित् की बगल में बैठ जाती है। बातचीत शुरू होती है। लेखक हट जाता है।)

इन्द्र : लगता है, अब बहुत दिनों तक तुमसे मुलाकात न होगी।

मानसी : क्यों?

इन्द्र : शायद बाहर चला जाऊँ।

मानसी : बाहर माने? बाहर ही तो हो।

इन्द्र : और दूर।

मानसी : कहाँ?

इन्द्र : लन्दन।

मानसी : लन्दन? कोई नौकरी मिली है?

इन्द्र : नहीं, नौकरी तो नहीं मिली है, पर अपने-आपको इस प्रवाह में छोड़ देने लायक रुपया जुट गया है। एक इंजीनियरिंग कोर्स में एडमीशन ले लिया है। पासपोर्ट वगैरह भी तैयार हो गया है। वहाँ पहुँचकर कोई नौकरी खोज लूँगा।

मानसी : न मिली तो?

इन्द्र : मिल जाएगी।

मानसी : नहीं ही मिली तो?

इन्द्र : कुछ-न-कुछ तो मिलेगा ही। अकेले पेट की कितनी चिन्ता!

मानसी : इस तरह तुम कब तक बहते रहोगे?

इन्द्र : जब तक सम्भव होगा।

मानसी : तुम्हें यह सब अच्छा लगता है?

इन्द्र : उहूँ।

मानसी : तब?

इन्द्र : तब क्या?

मानसी : कहीं एक जगह टिककर रहते क्यों नहीं?

इन्द्र : टिककर रहने से ही अच्छा लगने लगेगा?

मानसी : पता नहीं।

इन्द्र : मुझे भी नहीं पता। मानसी-सच पूछो तो अच्छा शब्द का कोई अर्थ ही नहीं होता। अच्छा लगने का प्रश्न ही नहीं उठता।

मानसी : *(तनिक रुककर)* इन्द्र!

इन्द्र : बोलो।

मानसी : मुझसे शादी हो जाती तो तुम स्थिर होकर बैठ पाते?

इन्द्र : पता नहीं। आज तो कुछ भी नहीं कह सकता। एक ज़माना

था जब इस सम्बन्ध में कुछ कहने की स्थिति में था...

मानसी : तुम्हें मेरे ऊपर गुस्सा नहीं आता?

इन्द्र : ना। पहले आता था पर अब नहीं। और फिर ब्याह करने से क्या होता, यह कौन जानता है। सम्भव था, हमारी यह मित्रता समाप्त ही हो जाती।

मानसी : और यह भी तो हो सकता था कि इससे भी घनिष्ठ एक दूसरी मैत्री का सम्बन्ध बन जाता?

इन्द्र : पता नहीं मानसी, कुछ पता नहीं। मैंने इस सम्बन्ध में बहुत सोचा है, मन-ही-मन न जाने कितनी उधेड़-बुन की है, पर सारी बातों का उत्तर कहाँ दे पाया हूँ! अब तो न जाने कैसी क्लान्ति घेरे ले रही है! बहुत-सा तर्क-वितर्क भी अच्छा नहीं लगता। कुछ करने का मन भी नहीं करता। केवल क्लान्ति और क्लान्ति। बस, मन करता है सो रहूँ। *(ज़रा देर मौन रहता है।)*

मानसी : चलो, थोड़ा घूमें।

इन्द्र : चलो।

(दोनों उठकर चले जाते हैं। थके कदमों लेखक का प्रवेश)

क्लान्त-क्लान्त-मैं बहुत क्लान्त हूँ।
व्यर्थ प्रश्न यों ही रहने दो।
मिटती घनी मूक छाया में
मुझे अभी केवल सोने दो।

क्या करना है बातों का अम्बार लगाकर?
और बताओ क्या मिलना है
बीज तर्क के यूँ फैलाकर?
मैं विवेक से ऊब गया हूँ
आज बहुत ही क्लान्त हुआ हूँ।
सूने निर्जन की छाया में
मुझे अकेला सोने दो बस।

(ज्ञात मुझे इस धरा गर्भ में
छिपा अभी भी जाने क्या-क्या
पर मेरी सन्धान-साधना, क्लान्त हुई है।
धरती की जड़ता का बोझा।
अभी और है
पर मेरी प्रयत्न करने की
शक्ति आज तो क्लान्त हुई है।

मृत्यु तीर पर
जीवन की आशा में बैठी
सतत प्रतीक्षा, क्लान्त हुई है।)
जाओ, अपने प्रश्न साथ ले
तर्क विवेक सभी ले जाओ।

सोने दो मुझको
छाया के घोर-गभीर लोक में
मुझको सोने दो-मैं बहुत क्लान्त हूँ।

तृतीय अंक

(एक टेबुल के तीनों ओर बैठे अमल, विमल और कमल ताश खेल रहे हैं। तीनों अपनी-अपनी बात कहकर पत्ते चलते और तीन पत्तों के बाद हाथ जीतकर ताश समेटते हैं।)

अमल : 1947 की 15 अगस्त को भारत स्वाधीन हुआ।

विमल : ब्रिटिश साम्राज्यवाद के पंजों से हम मुक्त हुए।

कमल : अब हमें एक स्वाधीन-स्वावलम्बी समाज का निर्माण करने के लिए प्रस्तुत होना है।

अमल : पूँजीवादी व्यवस्था को नष्ट होना ही होगा।

विमल : फ़ासिज़्म संसार को विनाश के पथ पर ले जाता है।

कमल : कम्यूनिज़्म मनुष्य के स्वातंत्र्य-बोध को नष्ट कर देता है।

अमल : डिमोक्रेसी के द्वारा जल्दी कुछ करना सम्भव नहीं होता।

विमल : डिक्टेटरशिप हर देश, हर युग में अभिशाप रही है।

कमल : आम जनता हर व्यवस्था में दुख पाएगी।

अमल : सारे देश में अव्यवस्था और अन्याय का साम्राज्य है।

विमल : इस सरकार के किए कुछ भी न होगा।

कमल : गद्दी पर बैठकर सब एक से हो जाते हैं। यहाँ तो सब धान बाईस पसेरी।

अमल : राजनीति गन्दी चीज़ है।

विमल : अपनी तो नक्कारखाने में तूती की आवाज़ है। मेरा हाल क्या पूछते हो!

कमल : मैं जिन्दा बचूँगा तब न बाप-दादा का नाम चलेगा?

अमल : प्रमोशन नहीं हुआ।

विमल : क्वॉर्टर एकदम रद्दी है।

कमल : रोजगार का तार ही नहीं बैठा।

अमल : घर में बीमार हैं।

विमल : मुन्ना इम्तहान में फेल हो गया।

कमल : बाबूजी गुजर गए।

अमल : जितने सब हैं...

विमल : छिः-छिः-छिः!

कमल : धत्तेरे की!

अमल : विमल!

विमल : कमल!

कमल : अमल!

अमल : विमल!

विमल : कमल!

कमल : अमल!

(नेपथ्य से घोषणा–एवम् इन्द्रजित्)

(लेखक का प्रवेश)

अमल : अरे कवि, क्या हालचाल है?

विमल : अरे कवि, क्या हालचाल है?

कमल : अरे कवि, क्या हालचाल है?

लेखक : कल इन्द्रजित् की चिट्ठी मिली।

अमल : अच्छा। क्या लिखा है?

विमल : वह तो विलायत गया था न?

कमल : अभी लौटा नहीं?

लेखक : परीक्षा में पास हो गया है।

अमल : वाह! यह तो अच्छी खबर है।

विमल : बस, लौटते ही नौकरी मिल जाएगी। इंजीनियरिंग लाइन बड़ी अच्छी है।

कमल : अभी भी अपने यहाँ विदेशी डिग्री की बड़ी इज़्ज़त है।

लेखक : क्या लिखा है, सुनोगे?

अमल : हाँ, सुनाओ।

विमल : चिट्ठी लम्बी है?

कमल : होने दो न।

(लेखक पत्र पढ़ना शुरू करता है। ये तीनों ताश खेलने लगते हैं। इस बार बातचीत नहीं, केवल तीन हाथ का खेल)

लेखक : कलकत्ता-भोपाल-बम्बई-जलन्धर-मेरठ-उदयपुर-कलकत्ता-लन्दन। सारा अतीत रथ के पहिए की तरह घूमता गया है। फिर भी ठीक पहिए की तरह नहीं। हर नया चक्कर पुराने को छोड़कर अलग चक्कर बना है, यही ट्रेजेडी रही है। जानने की सबसे बड़ी ट्रेजेडी रही है। कुछ पकड़ता हूँ, फिर सब शेष हो जाता है और फेंक देता हूँ। फिर कुछ नया पकड़ता हूँ।

फिर भी यह आशा किसी तरह नहीं टूटती कि कभी-न-कभी कुछ-न-कुछ असम्भव अप्रत्याशित घटकर रहेगा ही। *(फिर भी हर समय यह लगता है जैसे इतना ही सब कुछ नहीं है। ऐसा लगता है जैसे कभी)* कुछ ऐसा अवश्य घटित होगा जिसके तीव्र आलोक में अतीत का सब कुछ धुँधला जाएगा। कैसा भोला स्वप्न है-नींद टूट जाने पर भी सपने की खुमारी और नशा नहीं जाता।

(इस बीच इन्द्र आकर लेखक की बगल में खड़ा हो जाता है। अमल-विमल-कमल पूर्ववत् ताश खेले जा रहे हैं।)

इन्द्र : जो कुछ मिलने लायक था, सब पा चुका हूँ। और अब यह कटु सत्य अनुभव हो रहा है कि यह सारा पाना कितना व्यर्थ रहा है! और मिलेगा और मिलने पर उसे समेटने के लिए चार हाथ निकल आएँगे-यह आशा भी कितनी व्यर्थ है। अतीत और भविष्य आज भी रस्सी के दो छोर हैं-विपरीत हैं सो भी इसलिए कि अभी स्वप्न का अस्तित्व बचा है, नहीं तो भविष्य को मोड़-माड़कर सहज ही अतीत की गोद में

डाल दिया जा सकता है। वर्तमान भी एक धूमिल अनजाने भविष्य की ओर मुँह बाए देखता अनिर्दिष्ट–सा ही न रहकर एक दिन एक सीमाबद्ध सुनिर्दिष्ट बिन्दु बन जा सकता है। कहने का मतलब–मृत्यु का वरण कर सकता है।

(मानसी ज़रा देर पहले आ चुकी है।)

मानसी : मृत्यु का वरण?

इन्द्र : हाँ, मृत्यु का वरण। वास्तव में मृत्यु में बड़ा सुख है। न जाने कितने लोग मरकर सुख में हैं! सारे आगामी भविष्य को गत अतीत के साथ एकाकार करके परम सुखी हैं। मुझे भी तो एक–न–एक दिन इसी तरह मरना ही होगा। तो फिर अभी ही क्यों न मर जाऊँ?

मानसी : ऐसा मत कहो। तुम जीवित रहो...

इन्द्र : जीवित रहने के लिए मनुष्य को विश्वास की जरूरत है– भगवान पर विश्वास। भाग्य पर विश्वास। काम पर विश्वास। मनुष्य पर विश्वास। विद्रोह पर विश्वास। अपने ऊपर विश्वास...प्रेम पर विश्वास। इनमें से आज कौन–सा विश्वास मुझमें बचा है, बता सकती हो?

मानसी : जीवन पर विश्वास है न?

इन्द्र : जीवन! जहाँ विराट प्रश्नों के उत्तर नहीं मिलते वहाँ छोटी–छोटी अर्थहीन समस्याओं में उलझे रहना। कुछेक अर्थहीन दिखावा और झूठ जिसकी कोई आवश्यकता ही नहीं थी। फिर भी करना होगा–यही जीवन है, मनुष्य जीवन। और मैं करोड़ों–करोड़ों मनुष्यों में से एक हूँ। मेरे जीवन का मिथ्या करोड़ों–करोड़ों लोगों के जीवन का मिथ्या है।

मानसी : तुम करना क्या चाहते हो?...क्या करोगे?

इन्द्र : क्या करूँगा? थककर चूर होकर सो रहूँगा...या सब हँसकर उड़ा दूँगा? शायद हँसकर उड़ा देना ही ठीक होगा। जीवन है ही एक ऐसी हास्यकर वस्तु कि हँसी रोकने का कोई अर्थ नहीं है।

(इन्द्रजित् अचानक अट्टहास कर उठता है। मानसी

और लेखक अलग-अलग दिशाओं में चले जाते हैं। अमल-विमल-कमल बिना कुछ समझे-बूझे अट्टहास शुरू कर देते हैं। लेखक पुनः प्रवेश करके पाद-प्रदीप के पास आता है। दोनों हाथ उठाकर दर्शकों को रोकने की चेष्टा करता है मानो वे ही हँस रहे हों। अमल-विमल-कमल का प्रस्थान, इनकी हँसी की आवाज धीरे-धीरे विलीन हो जाती है।)

लेखक : आप लोग इस तरह हँसिए मत, मैं आपके हाथ जोड़ता हूँ, अब शान्त हो जाइए। सच, मुझसे नाटक नहीं बन पा रहा है। पर, मैं कितनी चेष्टा कर रहा हूँ, यह तो आप देख ही रहे हैं। अमल-विमल-कमल का नाटक? और इन्द्रजित्?

(मौसी का प्रवेश)

मौसी : खाना नहीं खाओगे?

लेखक : ना।

(मौसी का प्रस्थान। मानसी का प्रवेश)

मानसी : खाना नहीं खाओगे?

लेखक : *(दोनों हाथों से मुँह ढककर)* तुम भी?

मानसी : नहीं, भूल हो गई। तुम लिखोगे नहीं?

लेखक : कैसे लिखूँ? इन्द्रजित् लौट नहीं रहा है। तीन साल में उसने मुझे तीन चिट्ठियाँ लिखी हैं, हर एक में एक ही बात।

मानसी : क्या?

लेखक : यही कि वह चक्कर काट रहा है, घूम रहा है, घूम रहा है, पर मरता नहीं। न जाने कितने अटपटे स्वप्न दिमाग में घूमते रहते हैं, पर किसी तरह मरते नहीं। बोलो, जो जीवन को वास्तविक रूप में देखता है और स्वप्न समझता है, उसे लेकर नाटक कैसे लिखा जाए?

मानसी : उसी को लेकर तो नाटक हो सकता है।

लेखक : नहीं, नहीं। जितनी बार मैं उसे घटनाचक्र में ले आता हूँ, वह उससे बाहर छिटक पड़ता है। कहता है—यह वास्तविक घटना नहीं है। जितनी बार उससे कोई बात कहलवाना चाहता हूँ,

वह उस बात की परिधि से बाहर जा खड़ा होता है। कहता है–यह वास्तविक बात नहीं है। उसने बहुत–कुछ जान लिया है, जरूरत से ज्यादा जान लिया है।

मानसी : फिर भी वह स्वप्न देखता है।

लेखक : एक–न–एक दिन तो स्वप्नों का अन्त होगा!

मानसी : हाँ, सो जानती हूँ।

लेखक : तब?

मानसी : होने दो अन्त।

लेखक : उसके बाद?

मानसी : तब तो फिर स्वप्न के तिनके के सहारे तैर नहीं सकेगा?

लेखक : तब फिर डूब जाएगा?

मानसी : डूब जाएगा तो डूबने दो। शायद डूबकर ही वह धरती का ठोस आधार पा सकेगा। शायद वहीं से जीवन की शुरुआत हो।

लेखक : तुमने कैसे जाना?

मानसी : मैंने?...मैंने क्या जाना, कुछ भी नहीं। मैं तो बेवकूफ हूँ, मैं कुछ भी नहीं जानती। मैं तो केवल विश्वास करना जानती हूँ।

(मानसी का प्रस्थान)

लेखक : विश्वास? पाताल का विश्वास?

(इन्द्र का प्रवेश)

इन्द्र : *(कविता)*

आस्तिक की दीनता लिये मैं तैर रहा हूँ।
तृण के ऊपर डाल भार सारे जीवन का, तैर रहा हूँ।
कोहरे की सादी साँसों ने
छिपा लिया है कूल–किनारा।
इस प्रवास में जाना मैंने एक तथ्य है
मेघों के उस पार
स्वर्ण से मंडित दिखता राजपाट
औ' ताराओं के पार

डूबते-उतराते स्वर्गों की छाया
सब है मिथ्या।
तुमसे विनय-
सान्त्वना झूठी देना छोड़ो
मन से दूर निकाल फेंक दो
आस्था औ' विश्वास युगों का।
(स्वयं डूबकर देखो कितने गहरे में है
धरती का तल।
मानव है चल
और साथ ही क्रियाशील है।
नहीं चूकता डूब लगाकर
जा पातालपुरी तक पहुँचा
पाने को अधिकार
डोर शासन की अपने हाथों लेने)

लेखक : इन्द्रजित्!

इन्द्र : बोलो।

लेखक : तुम लौट आए?

इन्द्र : हाँ।

लेखक : कब आए?

इन्द्र : बहुत दिन हो गए।

लेखक : हो कहाँ?

इन्द्र : कलकत्ता में ।

लेखक : क्या करते हो?

इन्द्र : नौकरी।

लेखक : ब्याह किया?

इन्द्र : हाँ।

लेखक : मतलब, अन्त में मानसी किसी तरह ब्याह के लिए राजी हो ही गई।

इन्द्र : ना।

लेखक : ऐं?

इन्द्र : किसी और से ब्याह किया है।

लेखक : किसी दूसरी से?

इन्द्र : हाँ।

लेखक : वह कौन है?

इन्द्र : एक औरत।

लेखक : नाम?

इन्द्र : मानसी।

लेखक : यह कैसे सम्भव हो सकता है?

इन्द्र : दुनिया में ऐसे ही होता है। न जाने कितनी मानसी आती हैं और चली जाती हैं! उन्हीं में से किसी एक के साथ विवाह होता है। फिर जाने कितनी मानसी आती हैं और फिर चली जाती हैं! मानसी की बहन मानसी। मानसी की सहेली मानसी। मानसी की लड़की मानसी।

लेखक : वैसे ही जैसे अमल-विमल-कमल?

इन्द्र : हाँ, वैसे ही जैसे अमल-विमल-कमल एवम् इन्द्रजित्।

(मानसी का प्रवेश। सिर पर आँचल है।)

आओ तुमसे परिचय करवा दूँ। मेरी पत्नी मानसी और ये मेरे पुराने मित्र, लेखक।

लेखक : नमस्कार।

मानसी : नमस्कार। आप क्या लिखते हैं?

लेखक : जब जो लिख जाए!

मानसी : आजकल क्या लिख रहे हैं?

लेखक : एक नाटक लिखने की चेष्टा कर रहा हूँ।

मानसी : मुझे सुनाएँगे?

लेखक : जरूर। पूरा हो जाने दीजिए, फिर सुनाऊँगा।

मानसी : अभी कितना बाकी है?

लेखक : ज्यादा नहीं। बस आजकल में लिखना शुरू करूँगा।

मानसी : अभी आपने शुरू ही नहीं किया है?

लेखक : कहाँ कर पाया?

मानसी : आपने कहा न कि पूरा होने में अधिक बाकी नहीं है।

लेखक : इस नाटक के आरम्भ और अन्त में अधिक अन्तर नहीं है। नाटक वृत्ताकार है।

मानसी : आपकी बातें समझ में नहीं आ रही हैं।

इन्द्र : समझोगी कैसे मानसी? बातें क्या समझने के लिए होती हैं?

मानसी : वाह, बात समझ में आने के लिए ही तो कही जाती है।

इन्द्र : वह पहले कही जाती थीं। अब केवल अभ्यासवश ही कही जाती हैं।

मानसी : हटाओ भी। सब फालतू की बातें हैं।

इन्द्र : फालतू की हैं, यही तो मैं भी कह रहा हूँ, वह देखो...

(अमल-विमल-कमल का प्रवेश। मंच की दूसरी ओर खड़े वे बातें करते हैं।)

मानसी : वे कौन हैं?

लेखक : वे अमल-विमल-कमल हैं।

अमल : धनतंत्र-राजतंत्र-गणतंत्र।

विमल : साम्राज्यवाद-नाजीवाद-मार्क्सवाद।

कमल : अर्थनीति-टेंडर-स्टेटमेंट।

विमल : रिपोर्ट-मिनिट्स-बजट।

कमल : मीटिंग-कमेटी-कॉन्फ्रेंस।

अमल : सभ्यता-शिक्षा-संस्कृति।

विमल : साहित्य-दर्शन-इतिहास।

कमल : ब्रह्म-निर्वाण-भूमा।

अमल : राजकपूर-माला सिन्हा-विश्वजित्।

विमल : उम्रीगर-कृष्णन्-मिलखासिंह।

कमल : हेमन्त कुमार-एस.डी. बर्मन-लता मंगेशकर।

अमल : डॉक्टर-होमियोपैथ-कविराज।

विमल : ट्राम-बस-ट्रेन।

कमल : नरम-कूड़ा-मच्छर।

अमल : बेटा-बेटी-पत्नी।

विमल : मास्टर-ड्राइवर-बावरची।

कमल : साली-भानजा-ससुर।

मानसी : वे क्या कह रहे हैं?

इन्द्र : बातें कर रहे हैं, बातें!

(अमल-विमल-कमल हाथ-पैर हिलाते निःशब्द बात करते चले जाते हैं।)

मानसी : क्या बातें?

इन्द्र : मुझे नहीं पता। लेखक से पूछो।

मानसी : *(लेखक से)* अच्छा, इसके सिवा क्या और कोई बातें नहीं हैं?

लेखक : लगता तो है कि हैं। जरूर हैं।

(सामने आकर दर्शकों से पूछता है।)

इसके अलावा क्या बातें नहीं हैं? *(दर्शक निरुत्तर)* नहीं हैं? *(फिर नीरव)* तब फिर मैं किसे लेकर नाटक लिखूँ? इन सब बातों को लेकर? ऐसे नाटक में कौन अभिनय करेगा? कौन देखेगा?

(इन्द्र और मानसी जाने लगते हैं।)

इन्द्रजित् जाना मत।

(मानसी चली जाती है। इन्द्र लौट पड़ता है।)

पहले बताकर जाओ।

इन्द्र : क्या?

लेखक : मानसी कहाँ है?

इन्द्र : अभी ही तो गई है।

लेखक : यह मानसी नहीं। वह जो हज़ारीबाग में रहती थी। वह कहाँ है?

इन्द्र : हज़ारीबाग में है ।

लेखक : उसे चिट्ठी नहीं लिखते?

इन्द्र : लिखता हूँ।

लेखक : उससे भेंट होती है।

इन्द्र : बीच-बीच में होती है।

लेखक : कहाँ?

इन्द्र : उसी मैदान में-घने पेड़ के नीचे।

लेखक : बातें करते हो?

इन्द्र : हाँ, करता हूँ।

लेखक : क्या बातें करते हो?

इन्द्र : जो सदा से करता आया हूँ–अपनी बातें, उसकी बातें।

लेखक : वे बातें भी क्या अमल-विमल-कमल की बातों की तरह ही होती हैं?

(इन्द्र निरुत्तर रहता है।)

बोलो इन्द्रजित्!

(इन्द्र तब भी उत्तर नहीं देता–केवल पीछे के उस मैदान में चला जाता है, उसी पेड़ के नीचे। वहाँ हज़ारीबाग वाली मानसी है।)

मानसी : बोलो।

इन्द्र : क्या बोलूँ?

मानसी : वही जो कह रहे थे।

इन्द्र : क्या कह रहा था?

मानसी : तुम्हारे घर-परिवार की बातें।

इन्द्र : अरे हाँ, मेरी स्त्री घर की देखभाल करती है। मैं नौकरी करता हूँ। मेरी स्त्री सिनेमा जाती है, मैं उसके साथ जाता हूँ। मेरी स्त्री पीहर जाती है। मैं होटल में खा लेता हूँ। वह लौटकर आ जाती है–मैं बाज़ार करता हूँ।

मानसी : यह सब क्या कह रहे हो?

इन्द्र : क्यों, मेरे घर-परिवार की बातें! तुम्हीं तो सुनना चाह रही थीं!

मानसी : ये सब बातें मैं बिलकुल नहीं सुनना चाह रही थी।

इन्द्र : तब फिर क्या सुनना चाहती हो?

मानसी : तुम्हारी बातें।

इन्द्र : मेरी बातें? मैं...मैं एक रेल-लाइन पकड़कर चल रहा हूँ–सीधी रेल-लाइन है। पीछे मुड़कर देखता हूँ तो दूर एक बिन्दु पर लोहे की दोनों लाइनें मिल गई दिखती हैं। सामने देखता हूँ तो वही दूर एक बिन्दु पर दोनों लाइनें मिल गई हैं। मैं

जितना ही आगे बढ़ता जाता हूँ, वह बिन्दु उतना ही खिसकता जाता है। जो पीछे है, वही सामने भी। अतीत और भविष्य में कोई अन्तर ही नहीं, जो अतीत में है, वही भविष्य में भी।

मानसी : फिर?

इन्द्र : सोचता था चाहे पीछे, चाहे सामने से कोई गाड़ी आएगी।

मानसी : गाड़ी आती तो क्या करते?

इन्द्र : कूदकर दूर हट जाता या दौड़ने लगता या कौन जाने दब ही जाता! कुछ तो होता। पर नहीं...वह कैसे होता! मुझे मालूम हो गया है, उस लाइन पर गाड़ी नहीं चलती। इसीलिए सोचता हूँ...

(चुप हो जाता है।)

मानसी : क्या सोचते हो?

इन्द्र : सोचता हूँ, अब चलना बन्द कर दूँ। चलने से कोई लाभ नहीं है। न होगा तो उसी लाइन पर लेट रहूँगा।

मानसी : *(ज़रा रुककर)* ऐसा नहीं होता इन्द्र।

इन्द्र : क्यों?

मानसी : सामने जब पथ है तब चलना ही होगा।

इन्द्र : बहुत तो चल चुका हूँ।

मानसी : और भी चलना होगा, इन्द्र!

इन्द्र : मैं थक गया हूँ।

मानसी : फिर भी चलना होगा।

इन्द्र : क्यों? क्यों? क्यों? यही एक रास्ता है, मैं चला चल रहा हूँ, चला चल रहा हूँ, चला चल रहा हूँ, फिर भी निष्कृति...

मानसी : नहीं...निष्कृति नहीं है इन्द्र।

लेखक : *(कविता)*

नहीं, नहीं है निष्कृति।
भीगा मन औ' क्षुधित दोपहर
खंडित दिन।
निर्जन निद्राहीन रात्रि हैं।
मैं हूँ

शेष अभी हूँ–जाग्रत् भी हूँ
सब है स्मरण
अभी तो जीवन बहुत शेष है।
(रहा अभी तक जो वह अब भी...
दूर–दूर–बहु दूर–दूर तक रहना
सब तो मेरा ही है और यही मैं।
फिर भी निष्कृति नहीं।)

क्लान्ति दूर हो शान्ति मिलेगी
इस आशा में दूर–दूर मैं उड़ता जाता
ऊपर उठते, उठकर गिरते
थके पंख पर डाले भार
(क्षण–क्षण के कण–कण हैं बिखरे
और समय की सार्वभौमता
मानो खंडित चूर–चूर हो।)

मुझे निरन्तर घुमा रहा है
चक्का काम–काज का भारी
गुरु–गम्भीर चर्र–चूँ करता।
झूठ बात के खाली गुब्बारे में
भरता फूँक–फूँककर हवा। हाय, पर
फिर भी निष्कृति नहीं।
(तुमसे है अज्ञात नहीं कुछ।
तुम परिचित हो उन बातों से
सब बातों से
जो निज संग मधुर झंकृति का रव ले आतीं।
और प्रकाश, नशा ले आतीं।
स्वच्छ रँगे वस्त्रों के नीचे सड़ा–गला जो उसे ढाँकतीं।
तुमसे है अज्ञात नहीं यह सत्य कि
जो कुछ है समक्ष

वह जीर्ण पुरातन धागे में गूँथे फूलों का हार
कि जिसके फूल शीघ्र ही झर जाएँगे।)
तुमको है यह ज्ञात
कि मेरे जीवन का अवसान नहीं
मैं हूँ मृत अपने ही।
फिर भी क्यों तुम बात एक ही
बार-बार कहते कि
चलो तुम, और चलो तुम, और चलो...
क्या न मिलेगी निष्कृति अब भी?

इन्द्र : पर क्यों?

मानसी : पथ जब है, तब चलना ही होगा।

इन्द्र : क्यों चलना होगा? पथ के उस पार क्या है? मैं किसलिए चलूँ?

मानसी : सब किसलिए चलते हैं?

इन्द्र : सब?

(सामने की ओर से अमल का प्रवेश। लेखक से भेंट होती है।)

लेखक : अरे अमल, कहाँ चले भाई?

अमल : परीक्षा देने जा रहा हूँ।

लेखक : परीक्षा? इस उम्र में?

अमल : इंस्टीट्यूट ऑफ़ बेटरमैनशिप की परीक्षा। पिछले साल भी दी थी पर पास नहीं हो सका। *(एक बार और चेष्टा करके देखूँ। करेसपांडेंस कोर्स लिया है।)*

लेखक : यह परीक्षा देने से लाभ क्या है?

अमल : लाभ, है भाई है। इस इंस्टीट्यूट की एसोसिएट मेम्बरशिप मिल जाने से कोई प्रमोशन नहीं रोक सकता। *(मैनेजर की पोस्ट तक पहुँचने में कोई असुविधा नहीं होगी)* चलूँ भाई, देर हो जाएगी।

(अमल का प्रस्थान। विमल का प्रवेश)

लेखक : अरे विमल! कहाँ चले?

विमल : सीमेंट के परमिट के सिलसिले में जा रहा हूँ! *(तगादा न करने से तो वहाँ .फ़ाइल हिलेगी नहीं।)*

लेखक : सीमेंट क्या होगी?

विमल : मकान बनवा रहा हूँ। *(सी. आई. टी. स्कीम में एक ज़मीन ली है। रिज़र्व दाम है साढ़े छ: हजार और नीलामी पर चढ़कर हो गया नौ हज़ार आठ सौ पचास। क्या दाम हो गया है ज़मीन का? अब बताओ कि मकान बनाने को पैसा कहाँ से लाऊँ?)* गवर्नमेंट लोन, इंश्योरेंस लोन, एम्प्लाइज़ क्रेडिट लोन सब ले-दे करके भी दो मंजिल से ज़्यादा नहीं बना पा रहा हूँ।

लेखक : तो फिर अभी बनवाया ही क्यों?

विमल : और क्या करता बोलो? *(आजकल रुपए की कोई कीमत है?)* एक मकान हो तो बुढ़ौती में कम-से-कम रहने का ठौर-ठिकाना तो रहता है। *(फिर बाल-बच्चों की बात भी तो सोचनी पड़ती है।)* चलूँ भाई, देर हो रही है।

(विमल का प्रस्थान। कमल का प्रवेश)

लेखक : अरे कमल! कहाँ चले भाई?

कमल : ज़रा श्यामल के ऑफ़िस जा रहा हूँ। उसने किसी एक फ़ाइनेंसियर का जुगाड़ किया है। देखूँ, यदि समझा सका तो...

लेखक : क्या समझाओगे?

कमल : एक बड़े अच्छे बिज़नेस की स्कीम है-फुल प्रूफ स्कीम है। *(इम्पोर्ट लाइसेंस मिल जाएगा, एसेम्बलिंग में कोई परेशानी नहीं होगी। बड़ा अच्छा मार्केट है। बाज़ार में माल पहुँच ही नहीं पाएगा-सब बुक्ड इन एडवांस)* बस खाली पूँजी के लिए ही रुकी है। *(हमने और श्यामल ने मिलकर उधार का इन्तज़ाम किया है, उसमें पूरा नहीं पड़ रहा है)* फ़िफ़्टीन परसेंट सूद पर भी रुपया नहीं मिल रहा है।

लेखक : तो इस समय यह रोज़गार ही मत उठाओ।

कमल : न उठाऊँ तो खाऊँगा क्या? नौकरी तो ऐसी ही है। भगवान की दया से छ: बच्चे हैं। *(लड़की के टायफॉयड में एक हज़ार रुपए गल गए। बिचले लड़के को स्कूल में प्रमोशन नहीं*

मिला–एक साल की फीस का नुकसान हो गया। इस तरह कब तक चलेगा?) चलूँ देर हो रही है।

(कमल और लेखक दोनों का प्रस्थान)

इन्द्र : और सब। यही और सब हैं। यही अमल-विमल-कमल हैं।

मानसी : फिर भी तो वे चल रहे हैं।

इन्द्र : वे सुखी हैं, मानसी! उनके सामने कुछ है–लक्ष्य है, आशा है, स्वप्न है।

मानसी : तुम्हारे पास नहीं है?

इन्द्र : ना, कुछ नहीं है।

मानसी : कभी था भी नहीं?

इन्द्र : था, कभी था क्यों नहीं? मैं खुद था, मैंने मान लिया था कि मुझे कुछ करना है। क्या यह मैं नहीं जानता था पर...पर कुछ विराट कुछ विशाल।...मैं स्वप्न देखा करता था मानो एक ज्वलन्त उल्का की तरह मैं दिशाओं को भेदकर ऊपर आया हूँ–आकाश के इस कोने से उस कोने तक मैं बस ऊपर ही उठता जा रहा हूँ...तब तक जब तक कि उल्का की अग्नि जलकर निश्शेष न हो जाए। और आकाश में क्षण-भर के लिए आँखों को झुलसा देनेवाली एक ज्वाला मात्र शेष रह जाती है।

मानसी : जलकर भस्म हो गए?

इन्द्र : कहाँ मानसी! प्रकाश ही नहीं हुआ। आकाश में ज्वाला ही नहीं रही। मैं दिगन्त भेदकर आकाश में ऊपर उठ ही नहीं पाया।

मानसी : क्यों?

इन्द्र : मुझमें वह क्षमता नहीं है, कभी भी नहीं थी। मैंने केवल क्षमता का स्वप्न देखा। मैं एक अत्यन्त साधारण व्यक्ति हूँ। जब तक इसे स्वीकार नहीं कर पाया तब तक स्वप्न में था। आज स्वीकार करता हूँ।

मानसी : इन्द्रजित्!

इन्द्र : ना-ना मानसी! मुझे इन्द्रजित् मत कहो, मैं इन्द्रजित् नहीं हूँ।

मैं निर्मल हूँ। अमल, विमल, कमल और निर्मल। मैं अमल, विमल, कमल और निर्मल हूँ।

(बोलते-बोलते व्याकुल-सा इन्द्र सामने आ जाता है। लेखक आकर पीछे खड़ा होता है। मानसी बैठी रहती है।)

लेखक : इन्द्रजित्!

इन्द्र : आप शायद भूल कर रहे हैं। मेरा नाम निर्मल कुमार राय है।

लेखक : मुझे पहचान नहीं रहे हो, इन्द्रजित्?

इन्द्र : कौन? तुम? लेखक?

लेखक : मैं अपना नाटक पूरा नहीं कर पा रहा हूँ, इन्द्र!

इन्द्र : पूरा करके क्या होगा? उसका अन्त नहीं है। उसका आदि-अन्त सब एक ही है।

लेखक : फिर भी लिखना तो होगा!

इन्द्र : तुम्हें लिखना है, तुम लिखो। मेरा कुछ भी नहीं है–मैं निर्मल हूँ।

लेखक : तुम्हारा कुछ नहीं? प्रमोशन, मकान, बिज़नेस स्कीम कुछ भी नहीं? फिर तुम निर्मल कैसे होगे?

इन्द्र : पर...पर मैं तो एक साधारण व्यक्ति हूँ।

लेखक : फिर भी तुम निर्मल नहीं हो। मैं भी साधारण व्यक्ति हूँ फिर भी निर्मल नहीं हूँ। हम और तुम निर्मल नहीं हो सकते।

इन्द्र : तब फिर हम लोग किसके सहारे जिएँगे?

लेखक : पथ के। हम लोगों के लिए केवल पथ है, हम लोग चलेंगे। लिखने के लिए मेरे पास कुछ नहीं है, फिर भी लिखूँगा। बोलने के लिए तुम्हारे पास कुछ नहीं है फिर भी बोलोगे। मानसी के पास जीने के लिए कोई आधार नहीं है फिर भी वह जिन्दा रहेगी। हम लोगों के लिए पथ है, हम लोग चलेंगे।

इन्द्र : देवराज जूपिटर के अभिशाप से सिसिफस की प्रेतात्मा एक बड़ा भारी पत्थर ठेलते-ठेलते पहाड़ की चोटी तक ले जाती है, पर चोटी पर पहुँचते ही तुरन्त पत्थर नीचे लुढ़क जाता

है। वह फिर ठेल-ठेल ले जाता है, पत्थर फिर गिर पड़ता है।

लेखक : देवराज जूपिटर के अभिशाप से सिसिफस की प्रेतात्मा हैं। हम भी जानते हैं कि वह पत्थर लुढ़क जाएगा। जब ठेल-ठेलकर ऊपर ले जाते हैं तब जानते हैं कि इस मेहनत का कोई अर्थ नहीं है, पहाड़ की उस चोटी का भी कोई मतलब नहीं है।

इन्द्र : इतना सब जानते हुए भी ठेलना होगा?

लेखक : हाँ, सब कुछ जानते हुए भी ठेलना होगा। हमें कोई आशा नहीं है क्योंकि भविष्य के बारे में हम जानते हैं। हम लोगों का अतीत और भविष्य एकाकार हो गया है। हम जान चुके हैं कि जो हमारे पीछे था, वही हमारे सामने भी है।

इन्द्र : फिर भी जिन्दा रहना होगा?

लेखक : हाँ, फिर भी जिन्दा रहना होगा। फिर भी चलते जाना होगा। हम लोगों के लिए तीर्थ नहीं है, केवल तीर्थयात्रा।

(मानसी आकर लेखक और इन्द्रजित् के बीच में खड़ी हो गई है। तीनों की दृष्टि सामने है, तनिक ऊपर। लगता है, मानो प्रेक्षागृह की दीवार पार कर, हवा और आकाश का क्षेत्र पार करके कहीं बहुत दूर चली गई है वहाँ, जहाँ पथ की दोनों रेखाएँ एक बिन्दु पर मिल गई हैं। चारों ओर अन्धकार में एक प्रकाश-पुंज उन्हें आलोकित किए है। दूर से स्वर सुनाई पड़ता है।)

इसीलिए तो इस पथ का मैं
अन्त नहीं पाता हूँ।
नहीं कहीं आश्वास कि
यात्रा के पूरी होने पर कोई
देवलोक सम्मुख होगा
या कि स्नेह-स्पर्श से अपने
पथ-श्रम कोई दूर करेगा।
इसीलिए यह यात्रा अब है

अर्थहीन
उद्देश्यहीन–सी।
तो भी सोच करूँ क्यों?
हो, ऐसी ही होनी है तो!

इच्छा केवल व्यर्थ प्रश्न सब पड़े रहें
उत अतल गर्त में।
शोक सभी मैं जाऊँ भूल।
जीवन के उस स्वर्ण–प्रात में
मुक्त–हृदय निर्द्वन्द्व भाव से
दीक्षा ली थी पदयात्रा की
सतत तीर्थयात्रा करने की।

जीवन की सन्ध्या में पहुँचा
मन मेरा यह भूल न जाए
दीक्षा के उस मूल मंत्र को–
तीर्थ नहीं, है केवल यात्रा
लक्ष्य नहीं, है केवल पथ ही
इसी तीर्थ पथ पर है चलना
इष्ट यही, गन्तव्य यही है।

□□□